AF602777

INVENTAIRE
V 36383

CATALOGUE

PAR ORDRE CHRONOLOGIQUE, ETHNOLOGIQUE ET GÉNÉRIQUE

DE LA

COLLECTION CÉRAMIQUE

DE

M. AUGUSTE DEMMIN

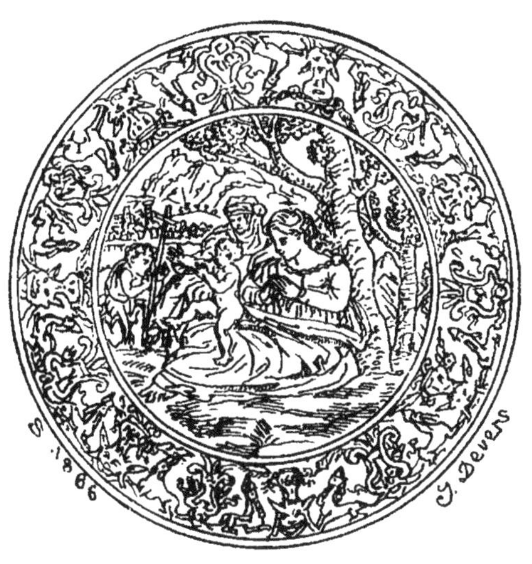

PARIS

Vᵉ JULES RENOUARD, ÉDITEUR

6, RUE DE TOURNON, 6

—

1866

CATALOGUE

PAR ORDRE CHRONOLOGIQUE, ETHNOLOGIQUE ET GÉNÉRIQUE

DE LA

COLLECTION CÉRAMIQUE

DE

M. Auguste DEMMIN

Paris. — Imprimerie de P.-A. BOURDIER et Ce, rue des Poitevins, 6.

CATALOGUE

PAR ORDRE CHRONOLOGIQUE, ETHNOLOGIQUE ET GÉNÉRIQUE

DE LA

COLLECTION CÉRAMIQUE

DE

BIBLIOTHÈQUE IMPR.

M. AUGUSTE DEMMIN

I

POTERIES OPAQUES ET SANS KAOLIN

Terres cuites sans couverte, avec couverte, au vernis minéral et émaillées; Grès, Terres de pipe, etc.

II

POTERIES KAOLINIQUES ET TRANSLUCIDES

Véritables Porcelaines à pâte dure et Poterie translucide sans kaolin, ou Faïence translucide appelée Porcelaine à pâte tendre.

Ce Catalogue peut servir de Guide pour l'organisation des Collections privées et publiques; il est orné, dans le texte, de 90 Croquis artistiques, dessinés d'après les originaux, et d'un grand nombre de Monogrammes.

PARIS

Ve JULES RENOUARD, ÉDITEUR

6, RUE DE TOURNON, 6

1866

OBSERVATIONS

La Collection dont ce Catalogue énumère les pièces, est le fruit de vingt ans de recherches et de nombreux voyages dans toutes les parties de l'Europe ; elle a été formée en vue de réunir les types *caractéristiques* des productions céramiques, à partir des temps les plus reculés jusqu'à ce jour. La Collection contient donc tout ce qui est nécessaire à l'étude de cet art et même à un cours public raisonné, où chaque époque, chaque pays et chaque école et espèce doivent être représentés par des pièces à l'appui.

Tout en ayant pour but la formation d'un musée des productions céramiques universelles, j'ai eu soin d'écarter les spécimens qui n'offraient pas un caractère *artistique* ou *archéologique tout à fait tranché.* L'École allemande, et bien plus encore l'École hollandaise, sont représentées par des exemplaires hors ligne, la plupart *uniques* et dont aucun autre musée ni collection ne possèdent l'équivalent.

Les numéros laissés en réserve sont destinés aux nouvelles acquisitions, ce qui évitera plus tard le remaniement du Catalogue et l'adjonction de suppléments nuisibles à la clarté de l'ordre chronologique, ethnologique et générique, adopté dans le classement.

Les numéros entre parenthèses sont ceux des pages de la seconde édition du *Guide de l'Amateur de Poteries*, etc., dans laquelle beaucoup de pièces ont été déjà mentionnées et souvent bien plus amplement décrites.

AUGUSTE DEMMIN.

Paris, 1er avril 1866.

CATALOGUE

PAR ORDRE CHRONOLOGIQUE, ETHNOLOGIQUE ET GÉNÉRIQUE

I

POTERIES OPAQUES ET SANS KAOLIN

Terres cuites sans couverte, sous couverte
silico-alcaline à excès d'alcali, au vernis minéral et émaillées;
Grès, Terres de pipe et Faïences.

POTERIE AMÉRICAINE

11. Lampe du temple de Mitla, de 16 cent. de diamètre et dont l'origine remonte à 2000 ans avant J.-C. Cette poterie, qui a été classée et dessinée par M. de Waldeck pour son grand ouvrage sur les antiquités mexicaines, etc., est la plus ancienne poterie américaine connue. Elle est en terre rouge, recouverte extérieurement d'un vernis probablement silico-alcalin et d'ornements gravés à la pointe; sa forme rappelle l'art d'un classique antérieur aux Grecs.

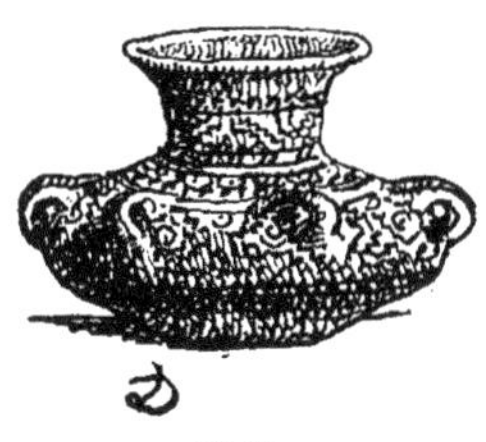

N° 11.

13. Vase péruvien, ou plutôt **Aymarian**, de 21 cent. de hauteur, remontant vers 1000 ans avant J.-C. Ce vase, qui paraît avoir servi de mesure (le pied creux a justement le quart de la capacité de la partie supérieure), a été classé et dessiné par M. de Waldeck, pour son ouvrage déjà mentionné; il est en terre rouge et couvert de dessins noirs sur fond jaune, sous vernis silico-alcalin; les dessins ressemblent, sous certains rapports, à une écriture hiéroglyphique.

14. Bouteille péruvienne, de 16 cent. de hauteur, en terre noire, recouverte d'un vernis silico-alcalin, à goulot et à anse, surmontée d'un animal fantastique. Cette poterie, qui provient de la collection Lefèvre, à Paris, peut remonter au commencement de notre ère.

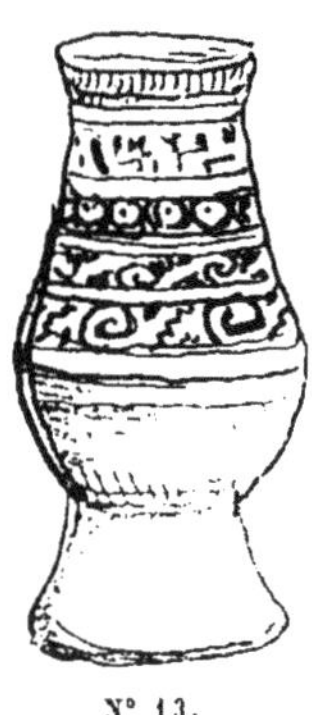

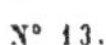

N° 13.

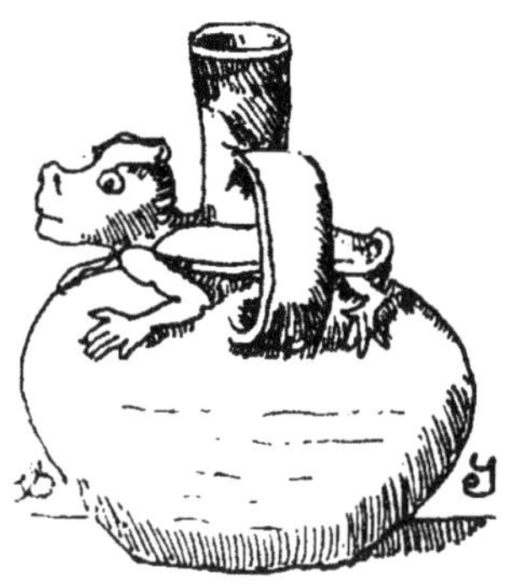

N° 14.

17. Petit Bloc mexicain, de 5 1/2 cent. de hauteur, en terre cuite rouge, sans couverte, à ornements en relief, et qui a servi à l'impression des étoffes. Cette terre cuite, qui ressemble à une plaque de bois gravé de typographe, ne remonte probablement pas au-delà du quinzième siècle.

17 *ter*. **Petite Théière** de Santiago (Chili), ne mesurant que 2 cent. C'est un bijou en terre cuite, peint à froid en rouge et jaune, doré et décoré de fleurs polychromes en couleurs odoriférantes, paraissant être recouvertes d'un vernis au copal parfumé. Ce sont des *religieuses Clarisses* (las Claras), qui fabriquent ces poteries.

POTERIE ÉGYPTIENNE

18. Tablette égyptienne, de 13 sur 32 cent., en terre cuite couverte d'un vernis de cuivre vert-bleuâtre de cuisson moyenne. Ce curieux et peut-être unique exemplaire est surmonté de la figure d'une panthère et divisé par des lignes noirâtres de terre ferrugineuse, en 30 carrés qui forment une espèce de damier oblong. Cinq de ces carrés sont ornés d'hiéroglyphes qui représentent des divinités, et le tout paraît indiquer le *système décimal* appliqué à un jeu. M. de Waldeck, qui a dessiné cette plaque pour son grand ouvrage sur les antiquités mexicaines, etc., en explique cependant la destination de la manière suivante :

« C'est la douzième tablette d'un almanach populaire qui était probable-

« ment appendu aux murs des demeures, comme le trou percé au-dessous de « la panthère paraît l'indiquer ; chaque tablette, « divisée en trente carrés, représente un mois. « Les jours y étaient marqués au fur et à me- « sure à la craie blanche. Les cinq carrés, ornés « d'hiéroglyphes, complétaient les trois cent « soixante-cinq jours de l'année et évitaient l'em- « ploi d'une treizième tablette. Le premier de « ces hiéroglyphes, qui représente le Dieu-Soleil « sous la figure de l'*Épervier sans mitre*, indique « le dimanche (le *sontag* et le *sunday*, ou jour « du *Soleil* des Allemands et des Anglais, aussi « bien que des anciens[1]). »

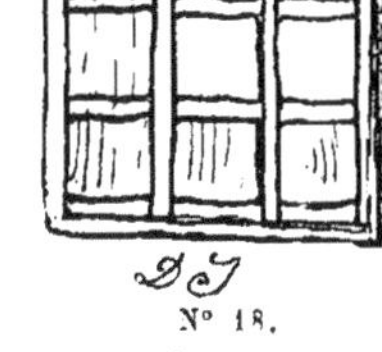

N° 18.

Cette interprétation est aussi rationnelle qu'ingénieuse, et, comme le modelage de la panthère montre encore un art tout à fait primitif qui ne se rencontre plus dans le modelage des animaux des monuments égyptiens à partir de la dix-huitième dynastie, on doit fixer la fabrication de cette tablette à environ 2000 ans avant J.-C.

19. Statuette égyptienne, de 18 cent. de hauteur, en terre cuite et au vernis de cuivre vert, de moyenne cuisson, montée sur un bloc carré en marbre jaune de Sienna, de 9 cent. de hauteur, elle est couverte d'hiéroglyphes tracés avec de la terre noire ferrugineuse.

20. Idem., idem., petite.

21. Carreau de pavage pentagone, de 9 sur 11 cent. de grandeur, en terre cuite moderne de Delhi, rapporté par lord Elfington. Ce carreau est fabriqué en terre rougeâtre et orné de feuillages jaunes, au moyen d'un décalcage d'engobe de terre blanche, qui, recouvert du vernis minéral translucide, forme des dessins jaunes sur fond chocolat ; il n'a aucun caractère indien. Un grand nombre de ces mêmes exemplaires est conservé au musée japonais à Dresden. (Comme la collection ne renferme pas d'autres poteries asiatiques que des poteries persanes et turques, j'ai dû ranger ici cette brique de fabrication indienne.)

[1] L'année civile, chez les Égyptiens, était composée de trois cent soixante jours et divisée en douze mois de trente jours ; en ajoutant après le douzième mois cinq jours complémentaires, la durée de l'année était portée à trois cent soixante-cinq jours. Ce calendrier avait été repris par la République française de 1792 à 1805. On voit que l'explication de M. de Waldeck a pour elle toutes les probabilités.

POTERIE GRECQUE

22. Vase à anse, de l'espèce dite étrusque, de 16 cent. de hauteur. Le sujet consiste en personnages peints en noir sur fond brique (de la collection du Dr Assant, vendue le 10 mai 1864, à Paris).

23. Vase à anse, de l'espèce dite étrusque, de 15 1/2 cent. de hauteur. Le sujet en jaune, d'une jolie composition de figures, est peint sur un fond noir. Ce vase, que l'on peut attribuer à la 4e époque (500 ans avant J.-C.), provient également de la collection du Dr Assant.

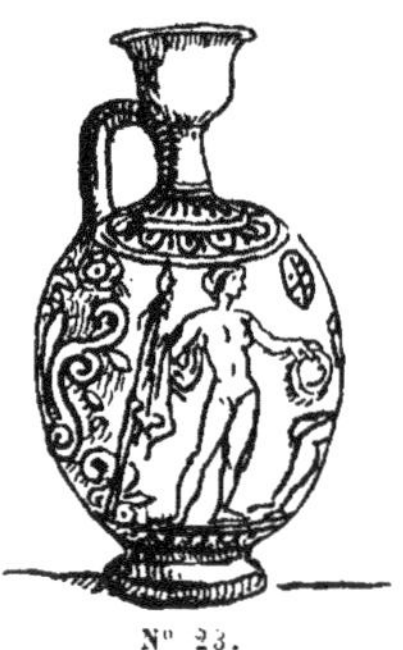

N° 23.

24. Petit Vase à deux anses, de l'espèce dite étrusque, de 9 cent. de hauteur. Le dessin du sujet, en couleur brique rougeâtre sur fond noir, paraît d'une fabrication un peu postérieure à l'époque de celle du n° 23.

POTERIE ROMAINE

29. Fragment d'une Poterie rouge unie d'Arezzo. C'est de la terre cuite recouverte d'un vernis silico-alcalin.

30. Fragment d'une Poterie rouge à bas-reliefs, d'Arezzo. C'est également de la terre cuite sous couverte silico-alcaline.

33. Coupe en terre cuite noirâtre sans couverte, de 10 cent. de diamètre, provenant de la collection du professeur Bruggmans, de l'Université de Leyden, mort en 1819.

35. Bol en terre cuite rouge sans couverte, de 21 cent. de diamètre et de 8 cent. de hauteur, trouvé près de Nymegen, à l'emplacement du camp romain (100 ans avant J.-C.); il provient aussi de la collection Bruggmans.

40. Brique légionnaire, portant l'estampille de la quinzième légion, trouvée dans la maison dite : *Het huis te Britten*, en Hollande, où les Romains ont campé (100 ans avant J.-C.). Cette brique provient également de la vente de la collection du Dr Bruggmans. (N° 18 du Catalogue.)

POTERIES SCANDINAVE, GERMANIQUE ET ANGLO-SAXONNE

46. Fragment de Poterie germanique, trouvé dans la principauté de Hohenzollern-Sigmaringen, et probablement de l'âge de fer (1000 ans avant J.-C.). On y voit des ornements estampillés en creux.

49. Coupe en terre cuite sans couverte, poterie germanique, de 12 cent. de diamètre, sur 7 cent. de hauteur, trouvée par l'ingénieur Beischlag, à Saint-Nicolaus, près d'Augsburg, et acquise à la vente de la collection Bruggmans, à Leyden.

50. Cube oblong en terre cuite rouge ferrugineuse, orné de niellures en terre blanche et recouvert d'un vernis minéral de four, translucide imperméable. Ce cube, qui mesure 2 cent. en long et 1 cent. en large, et qui est percé au milieu d'un trou, pour pouvoir y passer une corde, provient d'un collier de femme germaine, et a été trouvé à Augsburg dans un tombeau chrétien qui remonte au quatrième ou au cinquième siècle.

POTERIE GAULOISE

53. (156) **Statuette gauloise**, de 20 cent. de hauteur, en argile blanche cuite et sans couverte ; elle représente la Vénus Anadyomène au bras relevé, et a été trouvée, en 1856, à Toulon. La fabrication de cette poterie peut remonter de 300 à 400 ans de notre ère. (Voir le dessin de l'ouvrage de Tudot.

54. (156) **Figurine de femme gauloise à cheval**, de 10/15 cent. de grandeur, en argile blanche cuite et sans couverte ; la fabrication de cette curieuse pièce, trouvée en 1825, dans la *Mare du chêne penché*, près la route de Refuet, dans la forêt d'Évreux, ne peut remonter plus haut que vers le cinquième siècle de notre ère, comme l'indique le capuchon du vêtement de la femme. La tête du cheval a cependant encore tout le caractère de la sculpture romaine.

(Voir le dessin XXIV de l'ouvrage de Tudot).

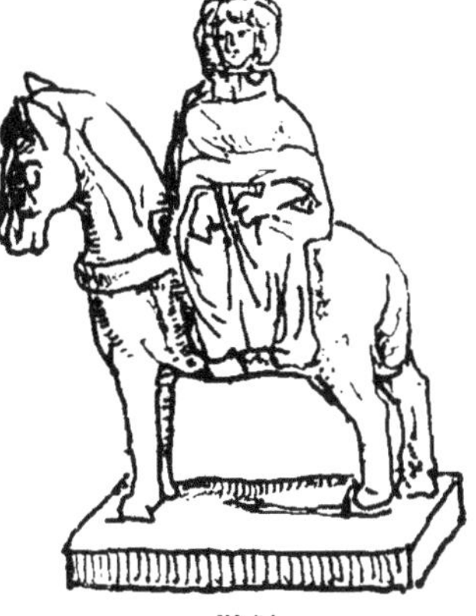

N° 54.

POTERIE ALLEMANDE

Qui doit être divisée en quatre Écoles principales : **A.** *École saxonne, ou du Nord.* **B.** *École franconienne.* — **C.** *École souabe.* — **D.** *École rhénane.*

A. ÉCOLE SAXONNE, OU DU NORD

64. (167) **Brique bas-relief** carrée, de 35 sur 48 cent. de grandeur, 5 1/2 cent. d'épaisseur au bord, et 13 cent. y compris le relief du sujet. Cette terre cuite en émail stannifère provient du couvent de Saint-Paul, à Leipsig, dont la construction avait été achevée en 1207, et sur l'emplacement duquel se trouve actuellement l'Université. Le relief de cet exemplaire représente la tête du Christ, une espèce de Véronique ou Sainte-Face (*Vandeluque* ou *sudarium sanctum*, dont le culte, datant de l'année 1011, a été établi par un bref; on en trouve déjà la reproduction dans les gravures du maître hollandais de 1466).

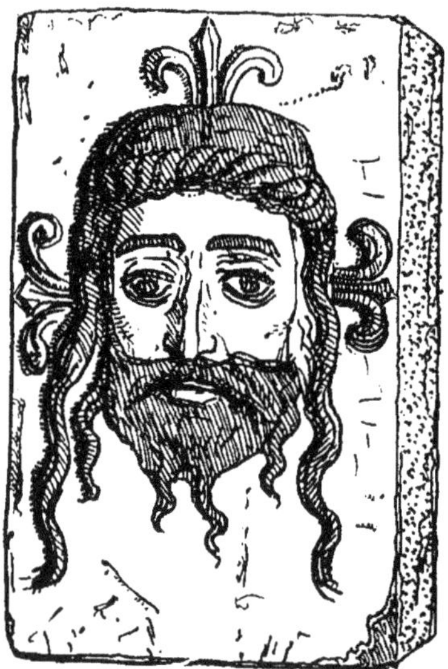

N° 64.

La figure est *sans souffrance*, telle que les artistes du dixième au treizième siècle l'ont toujours représentée. La couronne d'épines indique le commencement du treizième siècle. Les boucles des cheveux et de la barbe, l'arrangement du front, etc., ont encore tous les caractères du byzantin. Ce bas-relief, dont il existe encore deux pendants, l'un au musée d'objets d'art saxons du moyen âge, et l'autre, au musée japonais, à Dresden, est recouvert d'*émail stannifère* de trois nuances différentes; c'est la plus précieuse pièce de la collection pour l'histoire céramique, puisqu'elle prouve que les Allemands ont connu l'émail stannifère bien avant Della Robbia de Firenze, à qui la vieille routine en a attribué l'invention.

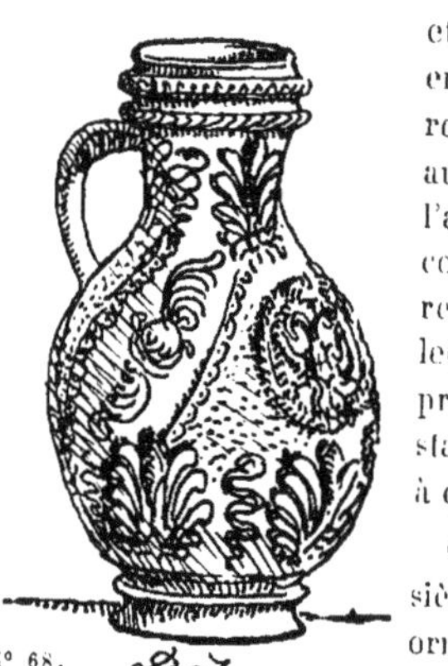

N° 68.

68. (198) **Cruche à anse**, du dix-septième siècle, en terre cuite de Saxe, de 17 cent., à ornements en émaux de couleur et dorés, en relief sur un fond de vernis minéral noir-brun, dans le genre des grès de Creussen. Sur le devant de la panse, les armes de l'empire, l'aigle à deux têtes, également en relief émaillé et doré.

B. ÉCOLE FRANCONIENNE

72. (180) **Figurine** en argile blanche cuite, de Nürnberg, du quatorzième siècle, et de 11 cent. de hauteur. On appelait, à cette époque, ces sortes de figurines des *kerzendreier;* elles servaient pour des cadeaux de baptême.

73. (193) **Statuette** en terre cuite sans couverte, de 8 cent., et qui représente un arbalétrier. Datant de 1420 à 1460; elle provient des fouilles faites à Augsburg, au couvent des Carmélites, où existait à cette époque une fabrique de poteries.

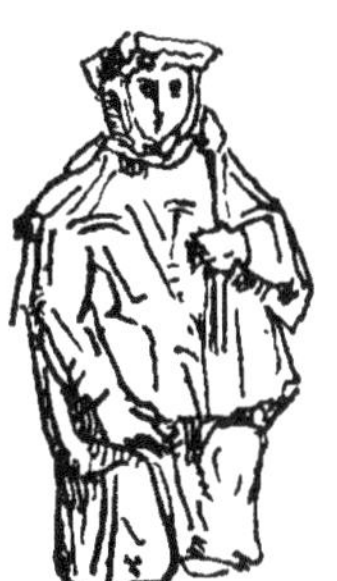
N° 73.

74. (193) **Statuette,** l'Enfant Jésus, même provenance que n° 73.

75. Carreau de poële, de 17 cent., en terre cuite vernie et émaillée de blanc, bleu, jaune et manganèse (violet), et à ornements en relief. C'est l'œuvre d'*August Hirschvogel*[1], célèbre potier de Nürnberg (1488-1560).

76. (173) **Bouteille à anse** en terre cuite au vernis minéral, de *August Hirschvogel* de Nürnberg; coloriée en brun, jaune et vert, elle représente un homme barbu. On voit sur la panse le relief de la fameuse médaille satirique de la réformation, frappée en 1517 à l'occasion de la publication, par Luther, de ses quatre-vingt-quinze propositions contre le dogme des indulgences; médaille qui porte les effigies du pape et d'un cardinal réunies à celles du diable et d'un fou. Une de ces médailles montre d'un côté la légende suivante : *Ecclesia perversa tenet faciem diaboli*, tirée probablement d'une sentence de Luther; de l'autre côté, on lit : *Stulti aliquando sapientes*, etc.

Un pion de damier, appartenant à la collection Sauvageot, au Louvre, représente le même sujet.

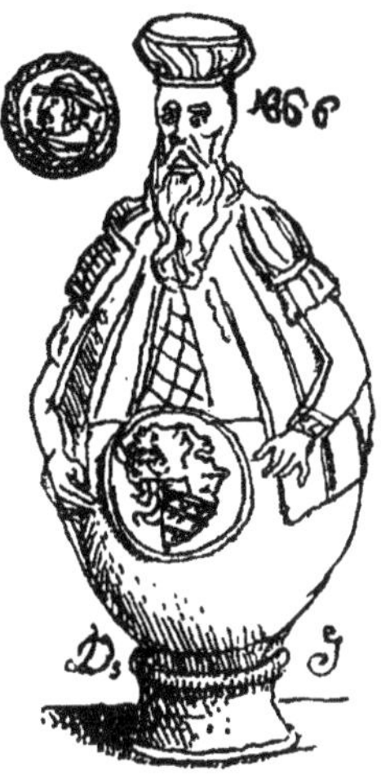
N° 76.

[1] La famille des célèbres Hirschvogel, potiers et peintres sur vitraux, se composait de cinq artistes : Veit le Vieux (1441-1525), Veit le Jeune (1471-1553), Auguste (1488-1560), Hans et Sebald (1517-1589). Voir mon *Guide de l'Amateur de Poteries*, 2e édition, pages 170 à 174.

79. Cruche de 27 centimètres de hauteur, de Nürnberg, du même maître potier que les numéros 75 et 76, en terre cuite à émail stannifère, couverte de dessins, d'ornements et de sujets en relief. On y voit la *Résurrection du Christ*, avec les deux gardes endormis. L'anse en spirale et les émaux indiquent l'origine de ce curieux pot, où le couvercle et le cercle du pied sont en étain.

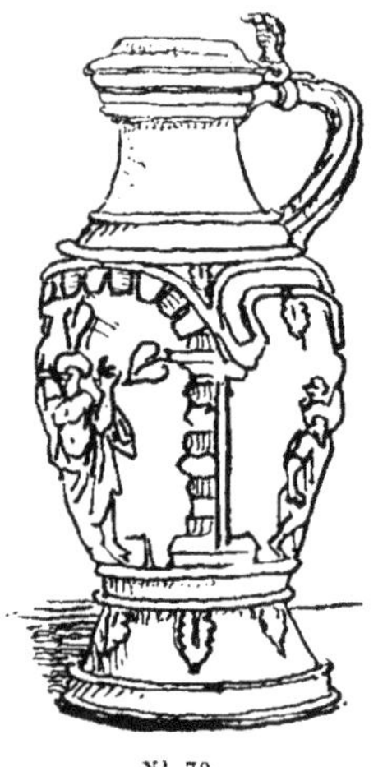
N° 79.

81. Pot évasé, de 11 cent. de hauteur, espèce de gobelet en terre cuite à émail stannifère, de Hirschvogel de Nürnberg. L'ornementation en relief représente des entrelacs et un singe à cheval en costume de fou, le bonnet orné de grelots.

82. Gourde de pèlerin, ou **Poire à poudre**, forme de la poire à poudre en fer de cette époque, à goulot à pas de vis. Elle est en terre cuite à émail stannifère blanc, bleu, vert et brun, du potier Hirschvogel, de Nürnberg. Cette précieuse pièce est ornée sur les deux côtés d'un Christ sur la croix, entre les deux Madeleines, et porte le monogramme du maître que voici :

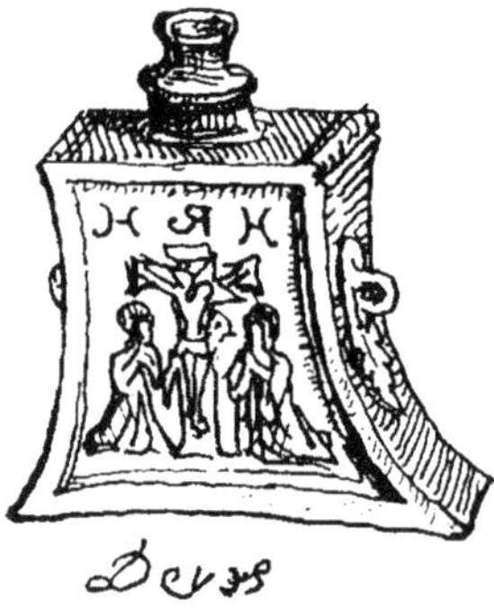
N° 82.

H R H

Ce monogramme est composé de trois lettres de la première syllabe de son nom. H. R. H. Hirsch-Vogel.

85. Petit bas-relief, forme pilastre, de 24 cent. de hauteur, en terre cuite, à émail stannifère et décor polychrome, de l'École de Hirschvogel, de Nürnberg ; il représente une espèce d'*Atlante*.

86. Petit bas-relief, forme pilastre, de 12 cent. de hauteur, en terre cuite, à émail stannifère, vert, blanc et jaune, de l'École de Hirschvogel, de Nürnberg ; il représente le *suicide de Cléopâtre*.

93. (178) **Petit Poële**, de 32 cent. de hauteur, modèle en terre cuite de Nürnberg, recouvert d'un vernis vert de cuivre. Les bas-reliefs, dont il est orné tout autour, représentent des personnages en costume du seizième siècle, époque à laquelle ce poële a été fabriqué, et où il servait de modèle dans la montre du potier.

95. (178) **Petit Poële**, de 24 cent. de hauteur, en terre cuite de Nürnberg, du commencement du dix-septième siècle ; il est également recouvert de vernis vert de cuivre, et les bas-reliefs consistent en ornements. Même observation que pour le numéro 93.

N° 93.

98. (184) **Bas-relief**, carré en bas et demi-circulaire en haut, de 21 sur 33 centimètres de grandeur, en terre cuite à émail stannifère, provenant du *couvent de Seligenthal*, près la ville bavaroise de Landshut. Le pendant se trouve au musée des objets d'art du moyen âge et de la renaissance de München (Munich).

Cette belle œuvre du seizième siècle représente la *Vision de saint Franciscus Seraph*, et se signale par son caractère de grandeur. Les émaux du décor sont blanc, bleu, vert, jaune, brun et noir. Ce bas-relief est encadré.

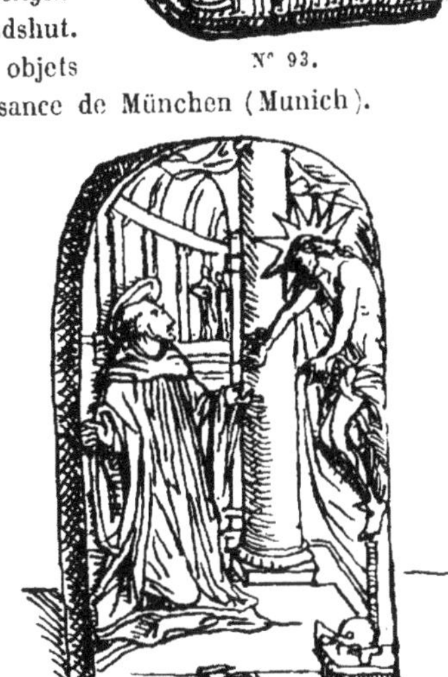

N° 98.

99. Fragment d'une terre cuite, recouverte de vernis de four noir ferrugineux. Orné de dorures et de peintures représentant les armes bavaroises, ce débris de carreau provient d'un poële du seizième siècle, de la chapelle à deux étages du *château de Trausnitz*, près de la ville de Landshut.

100. Bas-relief carré, encadré, de 26 sur 43 cent. de grandeur, en terre cuite à émail stannifère de Nürnberg, du seizième siècle. Le sujet représente un *Patricien* de l'époque, debout dans une niche, où les ornements architecturaux sont remarquables. Les émaux du décor se composent de bleu, vert, jaune, brun et blanc.

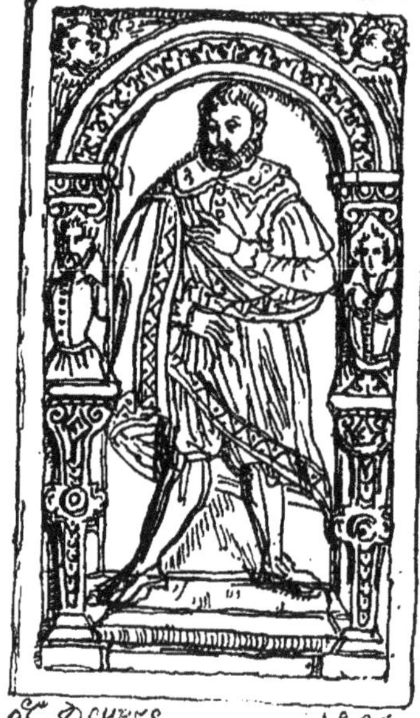

N° 100.

103. Bas-relief carré, de 16 sur 29 cent. de grandeur, en terre cuite de Nürnberg à émail stannifère blanc, bleu, jaune et vert. Le sujet représente la *construction d'un édifice*, sous la surveillance d'un maître architecte. Ce bas-relief est encadré.

104. (180) **Bas-relief carré,** de 18 sur 20 cent. de grandeur, en terre cuite de Nürnberg, du seizième siècle, à émail stannifère, décoré en blanc, vert, brun et or. Le sujet représente Charles-Quint (1519-1556), dont on ne voit que le buste. L'empereur regarde par une fenêtre où l'architecture indique également l'époque de la renaissance, il porte, suspendue à une chaîne, la Toison-d'or; on voit, à sa droite, l'écusson de l'empire, l'aigle à deux têtes et on lit, au-dessous du buste : *Carolus Keisser* (*sic*).

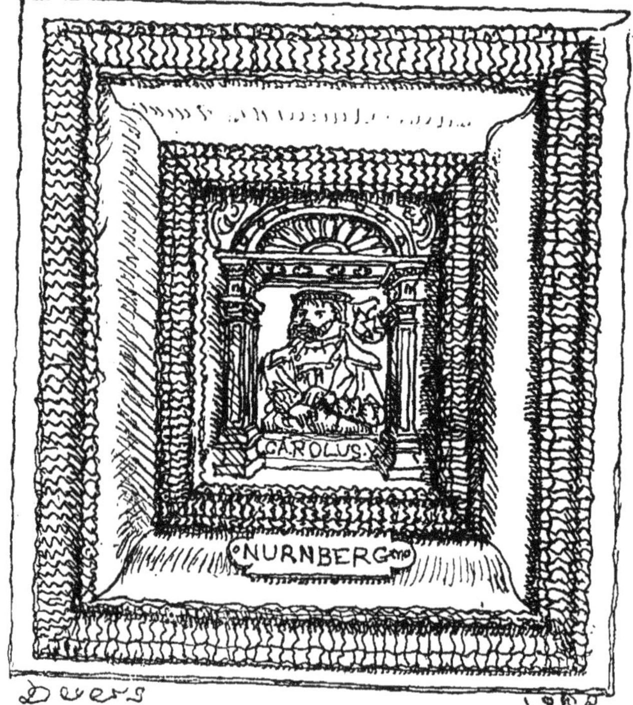

N° 104.

106. Bas-relief carré, de 15 sur 29 cent. de grandeur, en terre cuite à émail stannifère blanc, brun, jaune, vert et bleu, de Nürnberg[1], du seizième siècle. Le sujet représente Johan Friederich Ier, dit le Magnanime, duc de Saxe (1532), debout dans une niche dont la voussure est formée par des dauphins.

Le duc, court et replet, tient la main gauche sur la garde de son épée, et, s'il était modelé de nos jours, on croirait que l'artiste a visé à faire une charge.

108. Bas-relief carré, de 16 sur 27 cent. de grandeur, en terre cuite à émail stannifère jaune, vert, brun, blanc et bleu, de Nürnberg[1], représentant l'*Allégorie de la Justice*. Debout sous une niche à plein cintre, elle tient le glaive et les balances, et on lit, à côté de cette figure nue, le millésime de 1567.

109. Bas-relief carré, de 20 sur 28 cent. de grandeur, en terre cuite à émail stannifère blanc, bleu, vert, jaune et brun, de Nürnberg, du seizième siècle. Cette pièce, dont le sujet représente l'*Annonciation*, montre des traces de dorure et elle est encadrée.

111. Bas-relief à sujets doubles. Carré de 30 sur 35 cent. de grandeur, en terre cuite à émail stannifère, vert, jaune, brun, bleu et blanc, de Nürnberg[1], du seizième siècle. Les sujets représentent un saint et une sainte en prières, sous des arcades. Le tout est encadré.

112. Bas-relief. de 20 cent., carré, en terre cuite à émail stannifère à décor polychrome de l'*École franconienne*[1], du seizième siècle, probablement de Hirschvogel. Le sujet représente, dans un médaillon, le buste de Johann Friederich Ier, dit le Magnanime, duc de Saxe (1532). Les couleurs sont le vert, le jaune, le brun, le noir, le bleu et le blanc. On aperçoit des traces de dorure. La tête est belle d'expression.

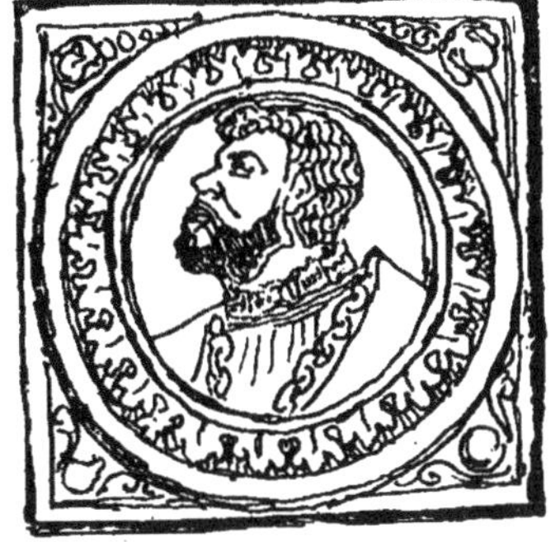

N° 112.

112 *bis*. **Bas-relief**, pendant du n° 112. Le portrait représente probablement la femme de Johann Friederich, la duchesse Sibilla, coiffée d'un chapeau à plumes, les cheveux sont retenus dans un filet doré. Le buste est entouré des initiales suivantes, imprimées dans la pâte :

S. *N*. (?) et *K*. *N*.

Ces deux bas-reliefs proviennent de la collection Nadar.

113. Niche, de 16 sur 31 cent. de grandeur, en terre cuite de Nürnberg, de la fin du quinzième siècle ; elle est vernie en vert et en jaune. Les orne-

[1] Pour les nos 106, 108, 111 et 112, il y a doute pour moi ; selon la nuance des *jaunes plus vifs et plus clairs*, ils pourraient bien appartenir à l'École saxonne.

ments ogivaux sont dans le style fleuri, et le fond est orné d'une sainte représentée en bas-relief.

115. (180) **Grand bas-relief**, carré de 48 sur 65 cent. de grandeur et encadré. C'est une terre cuite de Nürnberg, au vernis vert de cuivre, du commencement du dix-septième siècle. Le tout, richement doré, représente des cariatides ou plutôt des atlantes, supportant une niche à plein cintre qui abrite un riche vase orné de mascarons et rempli de fruits.

117. Écritoire, de 12 sur 17 cent. de grandeur, en terre cuite de Nürnberg, du seizième siècle, recouvert d'un vernis vert de cuivre. Elle est ornée de médaillons et de figures en bas-relief.

119. Lion porte-écusson, de 33 cent. de hauteur, terre cuite au vernis vert de cuivre, de Nürnberg, du seizième siècle.

123. (181) **Plaque carrée,** de 21 cent. en faïence, émail stannifère de Nürnberg, de la fabrique de *Marz,* du milieu du dix-huitième siècle. Encadrée dans une bordure noire à guillochis du temps, elle est décorée, en camaïeu bleu, des armoiries du fondateur de cette fabrique, et porte l'inscription suivante : *Herr Christoph Marz, Anfanger der Alhiesigen porcelain fabrique. Anno 1712. Natus anno 1660 den 25 December. Donatus anno 1751 den 18 Marzii.*

C'est un morceau précieux pour l'histoire céramique.

125. (183) **Plat rond**, de 62 cent. de diamètre, en faïence à émail stannifère de Nürnberg, du dix-huitième siècle, de la fabrique susnommée de *Christophe Marz* et *Johann Conrad Romeli*, peint sur le cru en camaïeu bleu. Le décor de ce plat colossal consiste en trophées, animaux et paysages, genre chinois.

126. Plat ovale, à centre ombiliqué et bords festonnés, de 42 sur 50 cent. en faïence à émail stannifère de Nürnberg, décoré en camaïeu bleu, et sur le cru, d'une infinité d'ornements de grande finesse et exécutés sans *poncis.* On y voit, en outre, quatre médaillons ou cartels, dont les sujets représentent la *Naissance du Christ,* la *Circoncision,* le *Baptême dans le Jourdain* et la *Bénédiction des enfants.*

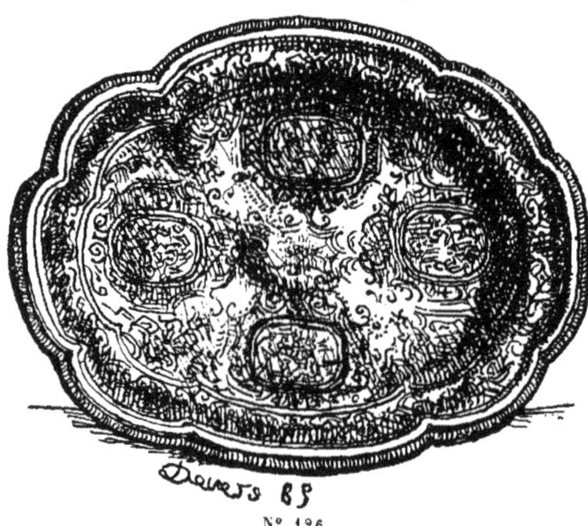

N° 126.

Ce plat porte le monogramme de G. *Kortenbusch*, de Nürnberg, céramiste de la fabrique de Marz, dont il prit la suite. Ce monogramme

MK:

représente les premières lettres de *Marz* et de *Kortenbusch*, *M. K.* Cette belle faïence est la pièce de maîtrise de Kortenbusch lui-même, lorsqu'il fut nommé maître-potier ; elle dépasse en délicatesse de dessin ornemental tout ce que l'on connaît dans la faïence ancienne allemande.

127. Plat rond godronné, de 24 cent de diamètre, en faïence à émail stannifère, de la fabrique de *Christoph Marz* et de *Conrad Romeli*, de Nürnberg, peint par *Possinger* et signé :

Possinger, 1727.

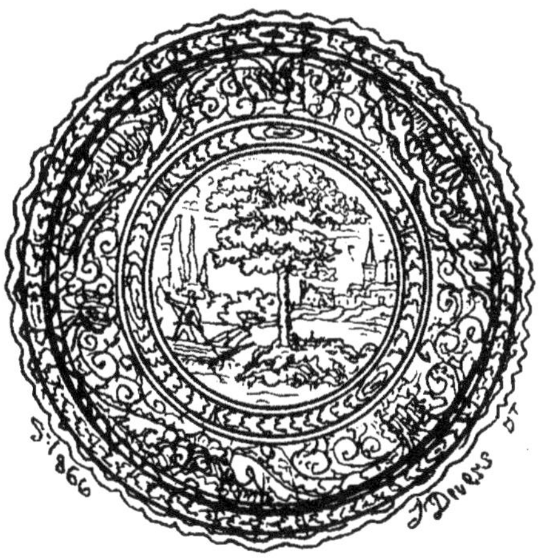

N° 127.

Ce plat, provenant de la collection Nadar, est décoré, au milieu, d'un paysage très-vert de couleur, et d'ornements polychromes sur le marli.

130. Calice de 20 cent. de hauteur, en faïence à émail stannifère, de la fabrique de *Kortenbusch*, de Nürnberg, du milieu du dix-huitième siècle, décor à camaïeu bleu, sur le cru, d'ornements et de deux armoiries. L'une, celle du duc de Brunswick, est accompagnée des lettres Z. B., (Zu Braunschweig ?) et l'autre, celle du potier Kortenbusch lui-même, où un bras armé, sortant des nuages, tient trois glands de chêne. Surmontée d'un casque la visière fermée et couronné, cette armoirie est accompagnée du millésime de 1736 et d'un monogramme de Kortenbusch :

J. G. K.

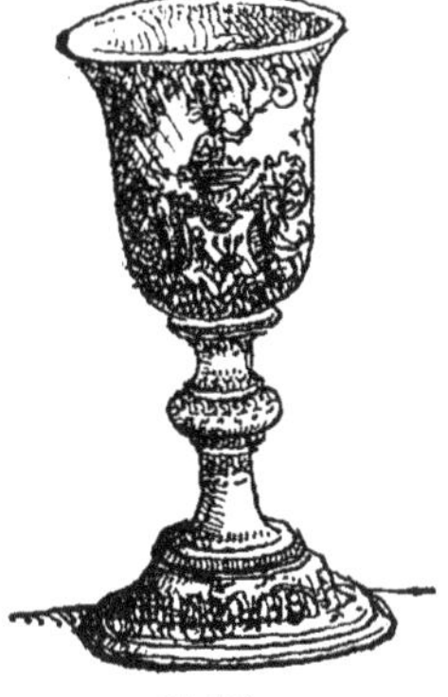

N° 130.

132. Assiette, de 22 1/2 cent. de diamètre, en faïence à émail stannifère, de Nürnberg, de la fabrique de ce même *Kortenbusch* : elle est décorée, en camaïeu bleu, des armoiries du baron Imhof, de Nürnberg.

135. (181) **Moule à chocolat,** de 7 sur 8 cent., en argile blanche cuite de Nürnberg, de la fin du dix-septième siècle.

C. ÉCOLE SOUABE

145. (162) **Tête de Christ mort,** de 8 cent., en terre cuite de Regensburg, sans couverte, mais le creux intérieur verni au plomb. Cette curieuse poterie, qui a fait partie d'un bénitier [1], a tous les caractères de l'École byzantine, mais la couronne d'épines indique le treizième siècle, puisque jusque-là les têtes de Christ étaient représentées nues, ou bien couronnées d'un diadème, mais sans les épines. C'est là, évidemment, l'œuvre d'un artiste appartenant à l'École *souabe.*

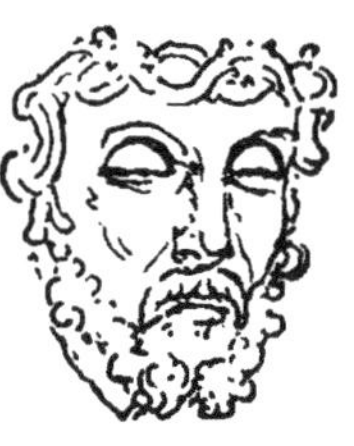

N° 145.

147. (179) **Tuile de croupe** [2], de 29 sur 46 cent., du clocher de l'église de la ville de Stuttgard, provenant de la collection Soyter, à Augsburg. Cette tuile en terre cuite, qui représente un marmouset modelé à la main et recouvert de vernis de cuivre vert, est d'un caractère fort naïf. On peut l'attribuer à la fin du quatorzième siècle.

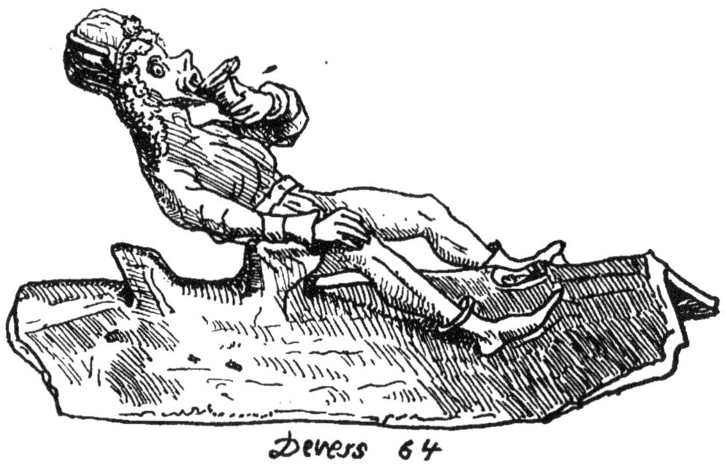

Devers 64

N° 147.

[1] L'institution de la bénédiction de l'eau date du quatrième siècle.

[2] Les tuiles de croupe servent à couvrir les *arêtières* des combles à croupes, c'est-à-dire les angles des toits. Les deux tuiles de la collection de M. Soyter représentent des marmousets fort obscènes, dont l'un montre au public sa pleine lune dépouillée de tout vêtement.

148. (179) **Lion enchaîné**, de 12 m. 21 cent., en terre cuite au vernis minéral et à l'émail stannifère jaune, vert, bleu et blanc (fragment du poële de l'hôtel de ville de Nordlingen, de l'année 1520); œuvre du célèbre potier *Hans Kraut*, de Villingen, petite ville du cercle de la Forêt-Noire où cet artiste, florissait, et où il est mort en 1581.

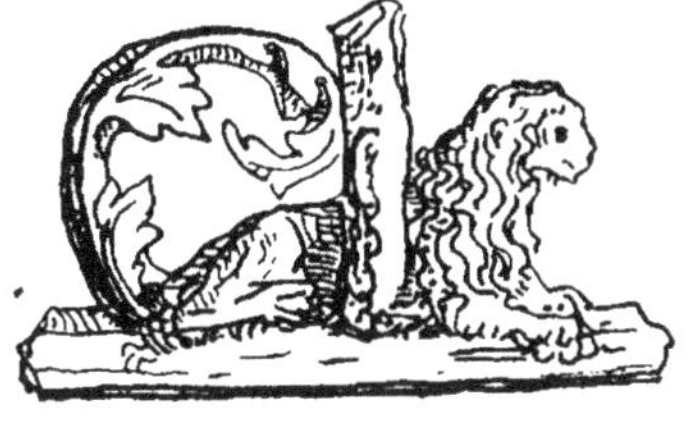

N° 148.

D. ÉCOLE RHÉNANE

160. Écritoire gothique, figurant un *lion héraldique*, de 23 cent. de hauteur, en grès *rhénan* gris-jaunâtre, du quatorzième siècle.

Le pendant de cette pièce, fort précieuse pour l'histoire céramique, se trouvait dans la collection de M. de Weckerlin.

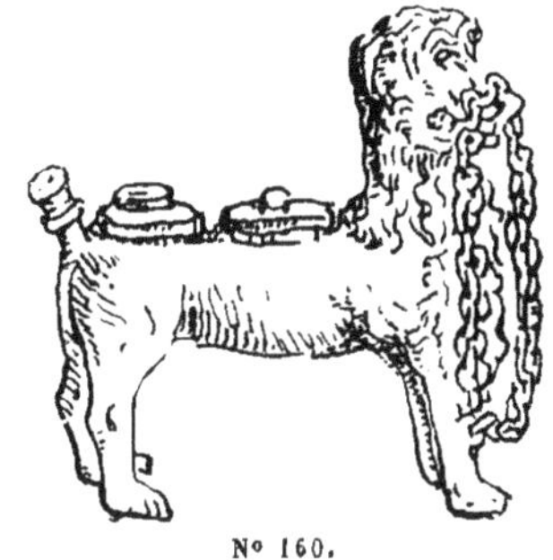

N° 160.

163. Cruche, de 23 cent. de hauteur, en grès rhénan (ou de *Baireuth*) brun, de la fin du quinzième siècle. Ce grès est orné de bas-reliefs qui représentent une tête barbue et de petits médaillons à bustes[1]. On lit tout autour de la panse :

Drink und est Godes nit verges.

(Bois et mange sans oublier Dieu.)

168. Gobelet, de 12 cent. de hauteur, en grès rhénan brun, orné alentour de sept mascarons, têtes de lion, dont le caractère indique la fin du seizième siècle.

174. (185) **Canette conique à anse**, de 23 cent. de hauteur, en grès rhénan gris-blanc; elle est couverte de bas-reliefs composés d'ornements, d'armoiries, de personnages, et d'une inscription en bas allemand qui dit :

Koning Artus 1588. *Keiser Constantin.*

Hector van Troie.

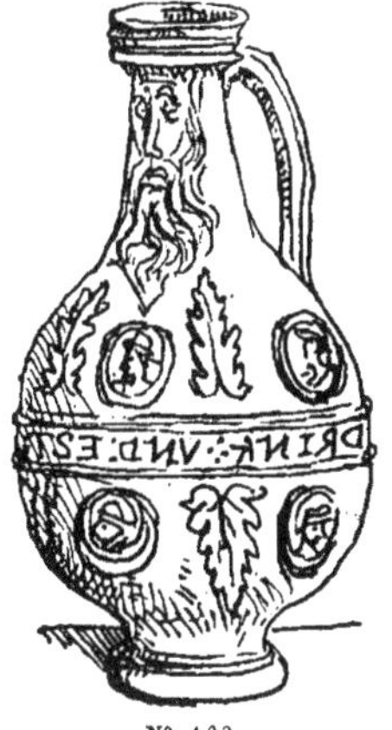

N° 163.

BIBLIOTHÈQUE

[1] Les costumes et les mentons *rasés* des personnages indiquent bien le quinzième siècle.

177. Canette conique à anse et à couvercle d'étain, de 25 cent. de hauteur, en grès rhénan gris-blanc. Cette remarquable pièce est ornée de sujets en bas-reliefs qui représentent, à gauche, le Christ repoussant le diable, avec l'inscription : *Pack dich Tevel in intrum;* au milieu, un affreux dragon à trois corps de serpents entrelacés et se terminant par les têtes d'un pape, d'un turc et d'un moine. Cette espèce de bête apocalyptique a, en outre, une tête de diable sur la panse qui vomit feu et flammes. Le troisième sujet à droite montre le Christ, la hache à la main, coupant l'arbre de Rome, tandis que le clergé catholique tire de l'autre côté, sur des cordes attachées à l'arbre, pour empêcher qu'il ne tombe.

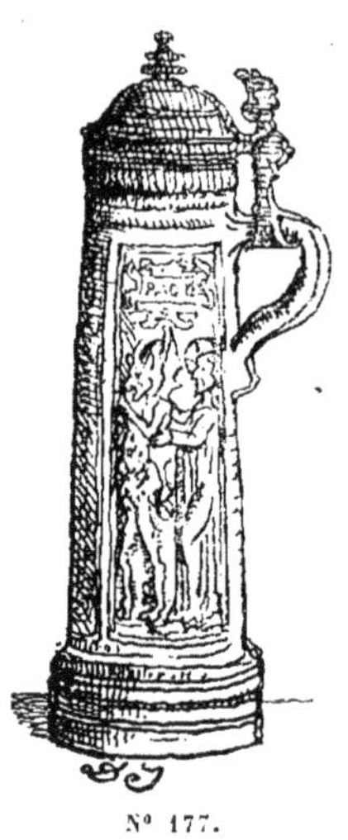

N° 177.

Les branches sont surchargées de bulles d'excommunication, d'encensoirs, de bénitiers, de burettes, de chapelets, de scapulaires, et on y lit :

Das unkraut wil ich ausrotten und werfen es ins fener.
(J'arracherai les mauvaises herbes et je les jetterai au feu.)

181. Petite cruche à anse, de 14 cent. de hauteur, en grès rhénan gris-blanc; la panse est couverte de trois médaillons en bas-relief dont deux sont remplis d'ornements en entrelacs et le troisième d'un sujet qui représente une femme qui donne des coups de verges sur les fesses de son grand gaillard de mari à qui elle a mis le pantalon bas, comme à un petit enfant. Le col de la cruche, en étain, porte l'inscription gravée suivante :

Virat frauenregiment Koln 1559.
(Vive le régime des femmes!)

187. Buire, de 19 cent. de hauteur, en grès rhénan gris et bleu. La qualité en est très-fine, la forme et les ornements renaissance d'une grande beauté; le col à goulot et à anse, en étain, porte gravée l'inscription

F. V. O. 1543,

surmontée d'une couronne.

190. Salière, de 8 cent. de hauteur, en grès gris et bleu rhénan du seizième siècle. Les ornements gothiques en relief sont surmontés de huit oiseaux.

193. Statuette, de 12 cent. de hauteur, en grès rhénan gris, bleu et violet, qui représente la Vierge portant sur ses genoux le Christ mort.

195. Salière, de 15 cent. de hauteur, en grès rhénan, représentant un lion héraldique. Une semblable fait partie de la collection Sauvageot, au Louvre.

199. (197) **Cafetière** à anse et couvercle, de 22 cent. de hauteur, en grès de Bunzlau, couleur brun-café. Ce grès, qui doit être rangé dans l'*École* *saxonne*, ou *du Nord*, a été placé ici pour ne pas séparer les grès les uns des autres. Cette belle pièce est ornée de branchages et des armes prussiennes, dorées et émaillées en couleur.

Le bouton du couvercle, formé par le tricorne du grand Frédéric et l'aigle prussienne de l'écusson, indiquent que cette poterie a été fabriquéa en 1742, après que la Silésie fut devenue prussienne.

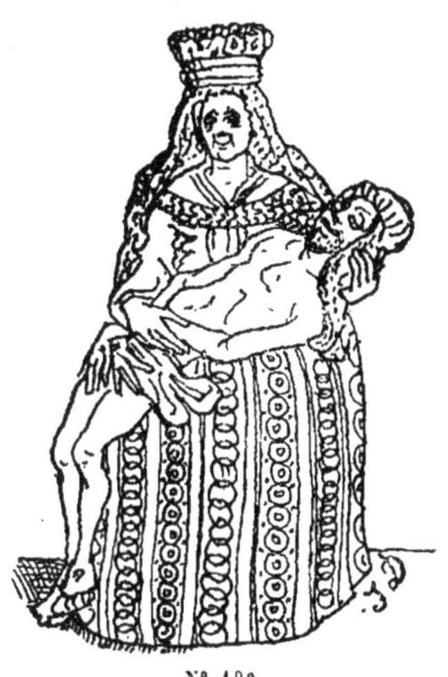

N° 193.

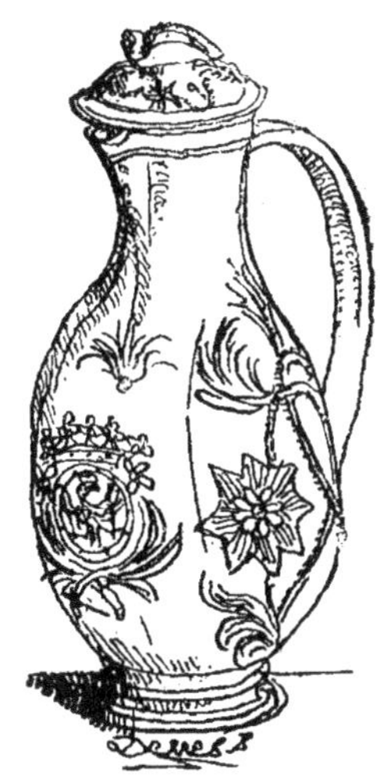

N° 199.

203. (202) **Plat,** de 32 cent. de diamètre, en grès de *Greuzhausen* (Rhin), gris et bleu de la fin du dix-septième ou du commencement du dix-huitième siècle. Ce plat est couvert d'ornements en bel émail bleu à champ levé ou en taillé d'épargne, sur fond gris, qui imitent très-heureusement le genre renaissance; tandis que le sujet du milieu, un personnage dont le costume ressemble à celui d'un évêque et qui porte la suscription *Himbecs*, a [tous les caractères du gothique.

POTERIES ALLEMANDES DIVERSES

213. (195) **Petit plat,** de 15 cent. de diamètre, en terre cuite, au vernis plombifère et à pâte colorée vert, jaune et brun, *de Marburg*, du commencement du dix-septième siècle. Ce plat, en forme de poêlon, garni tout autour de six anses, est un échantillon d'objets de cadeaux de noces que le peuple hollandais (pour lequel il a été fabriqué) avait l'habitude de se faire mutuellement. Les ornements en relief représentent d'abord des emblèmes d'amour : deux tourterelles, deux cœurs, d'où sortent deux mains qui s'en trelacent et à côté d'autres emblèmes qui doivent rappeler la fragilité du bonheur terrestre : le sablier, une tête de mort, etc. On y lit les initi ale

G. et W. et P. C.

gravées dans la pâte.

217. (195) **Petit pot**, de 8 cent. de hauteur, en terre cuite, à vernis plombifère et à pâte colorée, du potier *Conrad Amenhauser, de Marburg.* Les ornements en reliefs sont appliqués à la main et sans moulage.

226. Une Bordure ou **Cadre**, de 51 sur 65 cent. de grandeur, du commencement du dix-huitième siècle, en faïence à émail stannifère et décoré en polychrome au feu de réverbère. Cette belle faïence de *Höchst*, pres *Mainz* (Mayence), est modelée en jolie rocaille saxonne. Un cartel, tenu par des lions jaunes, représentant saint Michel terrassant le dragon, orne le milieu.

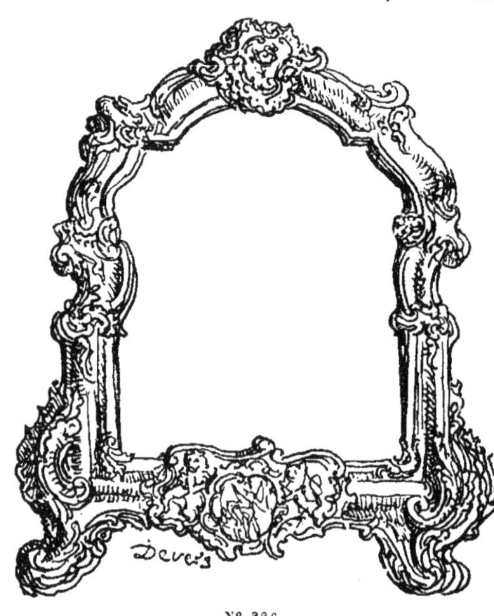

N° 226.

227. Le pendant au numéro 226.

230. Figurine, de 20 cent. de hauteur, en faïence de *Höchst;* à émail stannifère, à décor polichrome; elle représente un patineur appuyé sur une fontaine gelée, où on remarque un masque noir placé contre le pied de la balustrade. Le décor est d'une rare finesse et le modelage indique la main du célèbre artiste *Peter Melchior* (vers 1770).

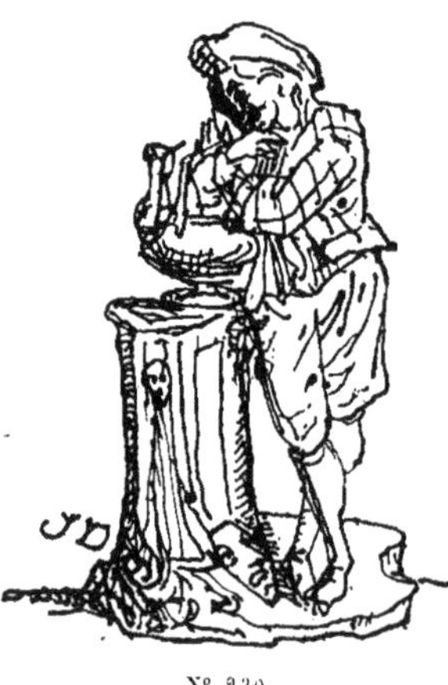

N° 230.

235. (202) **Vase à parfums**, de 30 cent. de hauteur, en faïence à émail stannifère à décor bleu et violet (cobalt et manganèse), en style rocaille; il est surmonté d'un couvercle où un ange tient un écusson couronné et orné de l'initiale

M. (Marz ?)

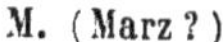

Deux autres anges voltigent sur le devant de la panse où ils montrent les initiales

I. K. (Kortenbusch ?)

Ce vase, délicieusement modelé dans toutes ses parties, porte sur son pied le monogramme :

M.9.b.
1762

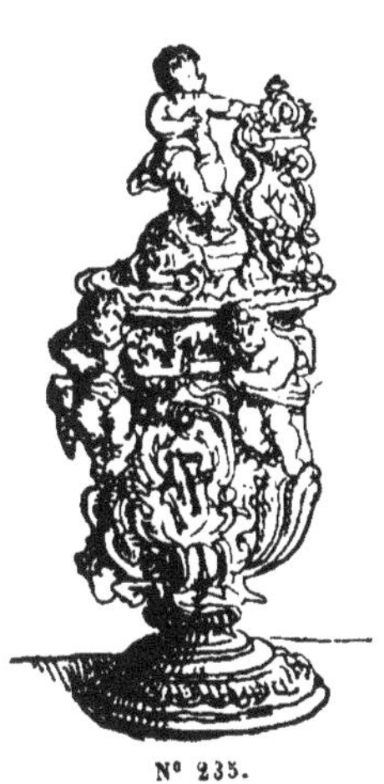

N° 235.

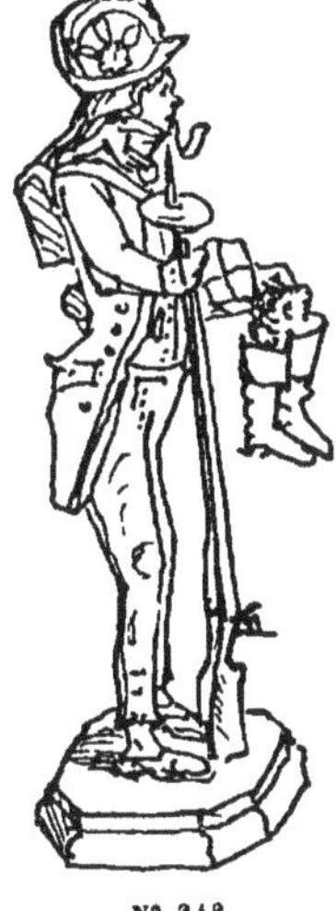

N° 242.

242. (203) **Statuette,** de 18 cent. de hauteur, en terre cuite, peinte à froid, œuvre du potier-modeleur *Rummel*, d'Ulm (1780 à 1805) ; elle représente un troupier bavarois de la conscription forcée française, modelé en charge.

POTERIE MUSULMANE

A. *Siculo-musulmane.* — **B.** *Hispano-musulmane et espagnole.*

A. SICULO-MUSULMANE

267. (209) **Vase de pharmacie,** de 31 cent. de hauteur, en faïence à émail stannifère et à reflet métallique ; le fond blanc est décoré d'ornements en bleu et en jaune-brun. Il porte autour du col l'inscription suivante en vieil arabe :

(*Gloire au victorieux !*)

Cette précieuse et *peut-être unique* poterie remonte au-delà de la conquête de *Roger le Normand* (1058).

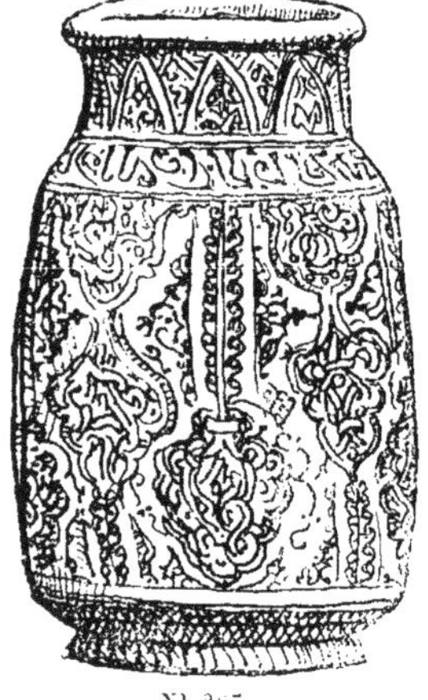

N° 267.

270. (209) **Plat,** de 45 cent. de diamètre, en faïence à émail stannifère et à reflet métallique *siculo-arabe*, fabriqué entre 1360 et 1550, comme l'indique le monogramme en *écriture gothique* minuscule, qui forme, en grec, les trois premières lettres du nom de Jésus (ΙΗΣΟΥΣ). Ce plat est couvert de raies et de branchages en jaune et bleu sur fond blanc , et le monogramme du Christ, au milieu du plat, est à reflet métallique.

B. HISPANO-MUSULMANE ET ESPAGNOLE

275. (211 **Vase à anses,** de 22 cent. de hauteur, en faïence à émail stannifère et à reflet métallique, de la fabrique de *Majorca*, recouvert d'ornements bleus et cuivrés, sur fond jaune-clair; probablement du quinzième siècle.

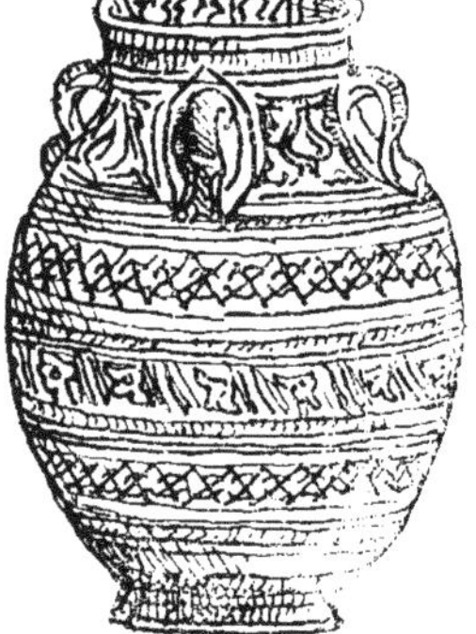

N° 275.

277. Plat rond, de 39 cent. de diamètre, à émail stannifère et à reflet métallique, de la fabrique de *Majorca*[1]. Cette remarquable pièce, que l'on doit ranger parmi les produits du treizième ou du quatorzième siècle, est à bords relevés et couverts de têtes de clous et d'arêtes en bas-relief; le centre ombiliqué est orné d'un écusson représentant un château fort, surmonté du *croissant* et de quatre fers de lance. Le décor consiste dans une infinité de petits ornements, finement dessinés, brun d'or à reflet métallique sur fond jaune pâle. Le revers,

[1] Majorca a été enlevée aux Musulmans (Sarrasins) en 1230, par les Aragonais, et érigée en royaume, en 1262, par Jacques Ier d'Aragon, en faveur de son fils Jacques. Le croissant et les quatre fers de lance font supposer que ce plat remonte avant la conquête de 1230.

richement orné d'arabesques à feuillage, montre au centre ombiliqué une espèce de tête de lion, au milieu de rayons solaires.

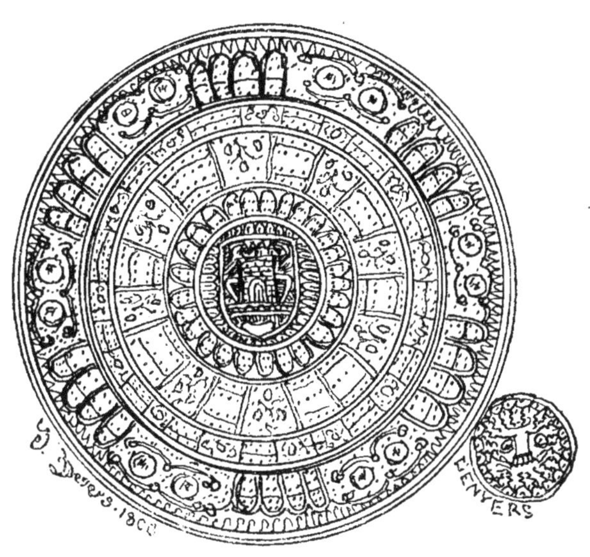

N° 277.

281. Azulejo (carreau de revêtement), de 14 sur 15 cent., en faïence, à émail stannifère de *Sevilla*, du quinzième siècle. Les ornements estampés et colorés de vert, jaune et bleu, représentent un vase de fleurs et deux fleurs de lis dans les angles.

283. Azulejo (carreau de revêtement), de 14 sur 27 cent., en faïence à émail stannifère, et provenant de la *casa de Pilato de Sevilla*, construite, en 1520, par don *Pedro Enriquez*, *adelantado major d'el Andaluzia, y donna Catalina de Ribera, sa mujer*, après leur retour de Jérusalem. Les ornements estampés dans la pâte, espèce de taille d'épargne, sont coloriés d'émaux verts, jaunes, bleus et noirs sur un fond blanc.

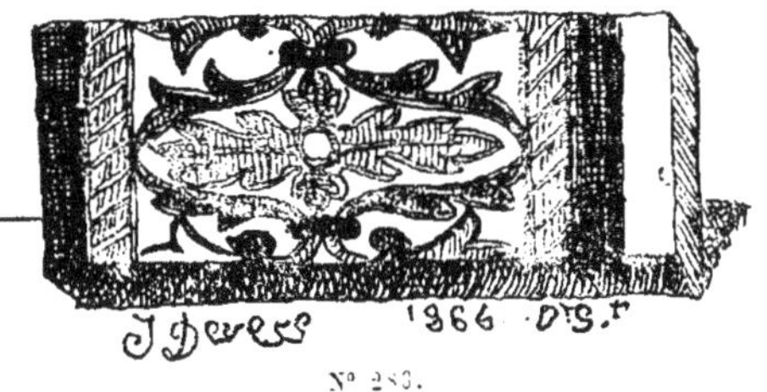

N° 283.

285. Azulejo (carreau de revêtement), de 12 cent. carrés, en faïence à émail stannifère de *Sevilla*, fabriqué par des artistes italiens, en 1591.

(M. Gustave Arosa, à Paris, possède des pendants dont l'un porte ce millésime). Ce carreau est décoré de branchages verts, bruns, violets et blancs, sur un fond jonquille.

287. Azulejo (carreau de revêtement), de 13 cent. carré, en faïence à émail stannifère de *Triana* (faubourg de Sevilla), du dix-septième siècle. Le décor, en camaïeu bleu, représente un bonhomme nu, qui tient une échelle et qui est entouré d'ornements.

289. Azulejo (carreau de revêtement), de 14 cent. carrés, en faïence à émail stannifère de *Triana* (faubourg de Sevilla), du dix-huitième siècle. Le décor polychrome consiste dans un taureau représenté dans un médaillon.

291. (240) **Bouteille** carrée de 30 cent. de hauteur, en faïence à émail stannifère de *Sevilla*, du dix-septième ou du dix-huitième siècle, décoré en camaïeu bleu de rinceaux, de branchages, de cactus, d'animaux fantastiques, parmi lesquels le Léopard, que l'on retrouve si souvent dans le décor espagnol. Au-dessous du pied, la marque en bleu, au trait, sous l'émail :

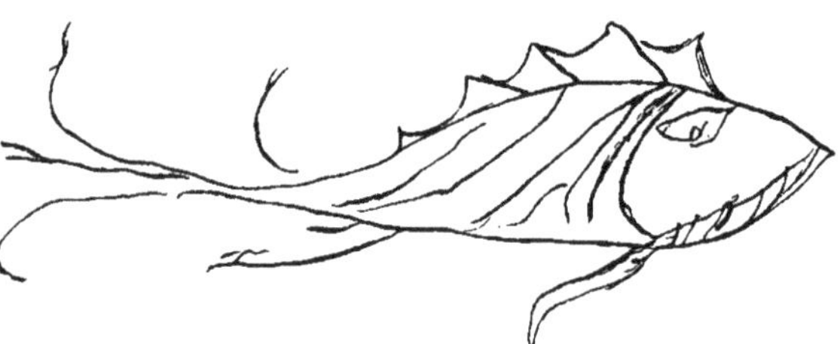

N. B. Une bouteille semblable de forme, sortie du même moule, fait partie de la collection de M. Gustave Arosa, à Paris, qui possède aussi un plat pourvu de la marque du poisson ci-dessus et rapportés tous les deux d'Espagne. La bouteille de M. Arosa est en décor polychrome et porte les armes de l'inquisition (une croix et une épée nue) et le nom de l'alcade de cette institution philanthropique à qui elle a appartenu. On lit : *Joï de Don Sébastian Moron y Ponze.*

297. (211) **Écuelle**, de 11 cent. de diamètre, en faïence à émail stannifère et à reflet métallique, de *Manisses*, du dix-huitième siècle; les ornements sont en brun sur un fond jaunâtre.

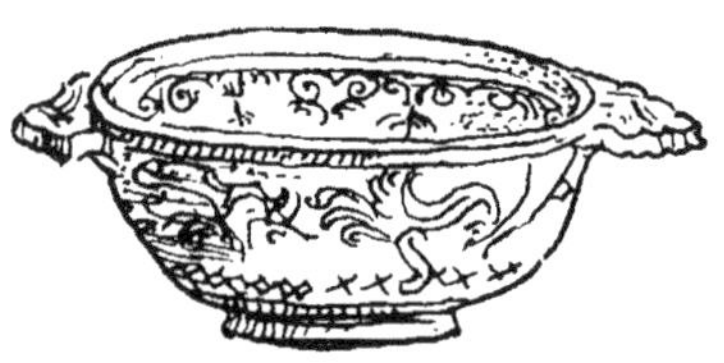

N° 297.

POTERIE BOUKARIENNE OU PERSANE

303. Carreau de revêtement, de 14 1/2 sur 18 1/2 cent. de grandeur, en terre cuite d'*Ispahan*, à engobe et sous couverte de plomb, dite faïence de Perse. Décoré en polychrome (bleu de Perse, blanc et manganèse d'un brun violet-noirâtre ou ferrugineux), il ne montre point de rouge, comme les poteries de Brousse et de l'île de Rhodos. Le bas-relief représente le schah Abbas II, à cheval, fils d'Abbas I, dit le Grand, de la dynastie des Sophis. Ce carreau provient de la mosquée du schah à Ispahan, et date de 1040 de l'hégire, ou de la vingtième année du règne d'Abbas II. Il provient de la vente de M. Méchin, en février 1866.

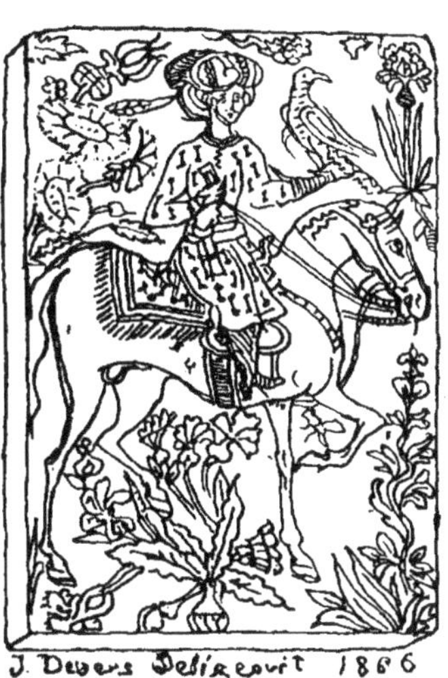

N° 303.

304. Potiche, de 20 cent. de hauteur, en terre cuite, à engobe et sous vernis de plomb, dite faïence de Perse, de la fabrique de *Goumiché*, en Perse, du dix-huitième siècle, en pâte lourde. Elle est grossièrement émaillée d'un décor bleu, blanc et jaune. Des bouquets de fleurs et de feuillages en vert, rose et jaune y ornent des cartels à fond blanc, et ressemblent à ceux des faïences alsaciennes et lorraines, et aussi au décor à froid de la poterie kabyle.

305. Grand fragment de potiche, en terre cuite, à engobe et sous vernis de plomb, dite faïence de Perse, de la fabrique d'*Ispahan*, du dix-huitième siècle. En pâte aussi lourde que celle de Goumiché, elle est décorée de bandes bleues et roses quadrillées et de médaillons ornés de bouquets de roses d'un fond brun. Les anciens potiers persans n'ont point de rouge ni de rose dans leurs décors, et ce n'est qu'à partir de la complète décadence, de la fin du dix-huitième siècle, qu'ils y employèrent le rouge au tout petit feu.

POTERIE TURQUE

OU DE BROUSSE ET DE L'ILE DE RHODOS

306. Plat, de 32 cent. de diamètre, en terre cuite à engobe et au vernis plombifère, dite faïence de Perse. Il est décoré de fleurs et de branchages, vert, bleu et *rouge* sur fond blanc. Les grands branchages et le *rouge* distinguent cette poterie de celle de la Perse et de la Boukarie.

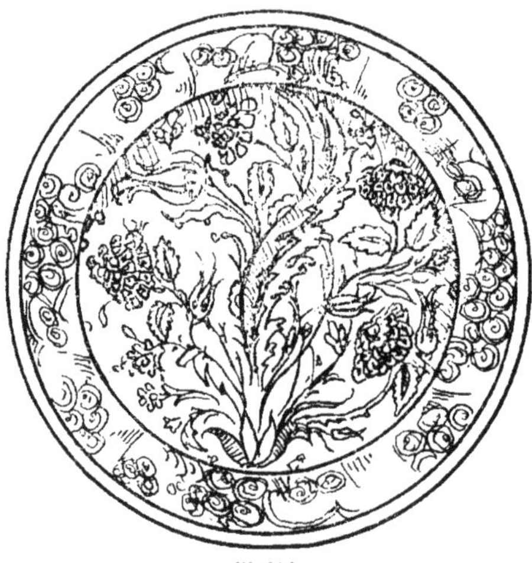

N° 306.

308. Pot à anse, de 10 cent. de hauteur, en terre cuite à engobe, et au vernis plombifère. Décoré de fleurs et d'ornements qui rappellent le cachemire, en couleurs *rouge*, verte, jaune et bleue, sur fond blanc, on voit, sous le pied, la marque

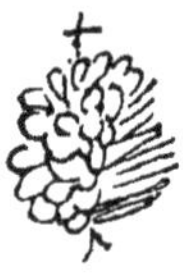

en noir sous couverte[1].

(Même observation que pour le numéro 306).

POTERIE ITALIENNE

311. Bas-relief carré, de 19 sur 34 cent., en terre cuite, à émail stannifère de *Luca della Robbia de Fiorenze*, (1388-1481). Le sujet représente une tête de chérubin à quatre ailes, en émail blanc sur fond bleu de ciel, qui indique aussi, au-dessus, des nuages en bas-relief et teintés. La tête est entourée d'un nimbe blanc, et une torsade blanche descend à la droite, du haut en bas. La belle expression de la figure, où les prunelles des yeux sont colorées en brun, indique la main du vieux maître.

[1] La croix dont cette marque est surmontée indique une fabrication chrétienne.

313. **Bas-relief**, grand médaillon de 46 cent. de diamètre, en terre cuite italienne à émail stannifère, d'un continuateur des della Robia. Le sujet représente la Vierge en robe brune et bleue, assise sur un siége à dossier ; elle tient l'enfant Jésus debout sur un coussin posé sur ses genoux. Les nimbes en jaune et le peu de fouillé que montre la guirlande de fleurs, feuilles et fruits de couleurs brune, jaune, blanche et verte qui encadrent le tout, démontrent suffisamment que ce n'est pas une œuvre des della Robbia eux-mêmes, mais d'un de leurs continuateurs.

317. Plat rond creux, espèce de coupe sans pied, de 27 cent. de diamètre, en faïence à émail stannifère, attribué avec raison à maître *Francesco Xanto Avello di Rovigo*. Le sujet, polychrome d'une touche ferme et fort rare sur faïence, représente *Coriolan devant Rome*, comme l'indique l'inscription au revers du plat :

La piatta de Coriolano (sic),

et a été probablement peint d'après la gravure de Giulio Reppi (dit Giulio, *Romano*, 1499-1546), élève de Raphaël et le contemporain de Francesco Xanto. Les beaux tons du bleu et du vert, la touche artistique, et encore bien plus les remarquables expressions des têtes de Coriolan et de sa mère Véturie, ainsi que la cambrure hardie du cheval d'un guerrier de la suite de Coriolan, signalent cette pièce et la classent parmi les meilleures œuvres italiennes.

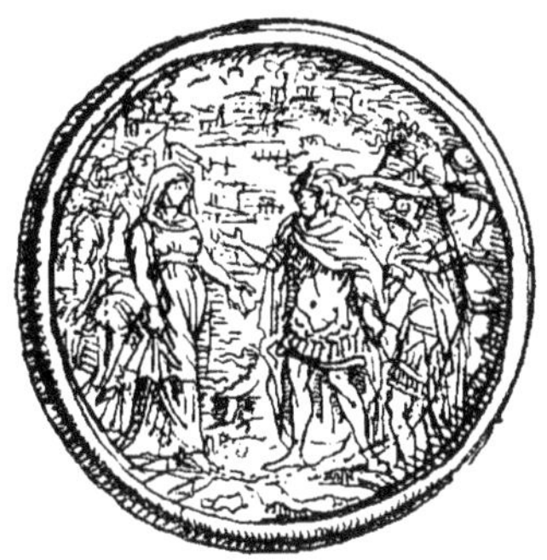

N° 317.

321. Potiche en faïence, à émail stannifère, du seizième siècle, de la fabrique de *Castel-Durante*, d'une hauteur de 22 cent., peinte en jaune, bleu, vert, blanc, violet et brun, de fleurs et feuilles à grands ramages ; les panses sont ornées, de chaque côté, d'un *buste d'homme*. Le tout est largement brossé, et fort décoratif.

322. Pendant du numéro 321 tout semblable, à l'exception que les bustes des médaillons, sur la panse, représentent *un homme et une femme*.

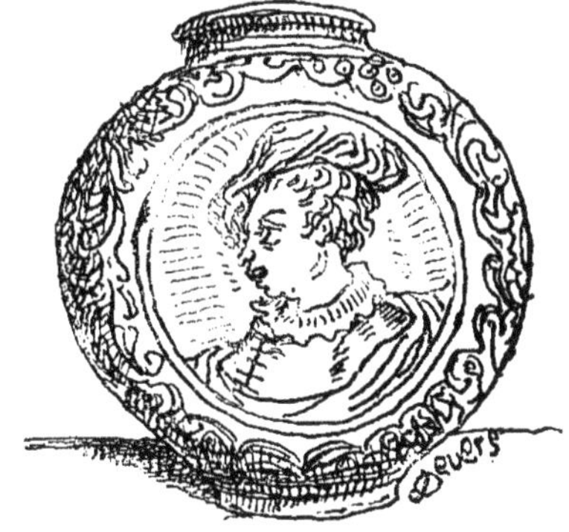

N° 321.

324. (235) **Carreau de revêtement,** de 16 cent., en faïence à émail stannifère, provenant de la *Bibliothèque de Sienna,* et probablement d'une fabrique d'Urbino, du seizième siècle.

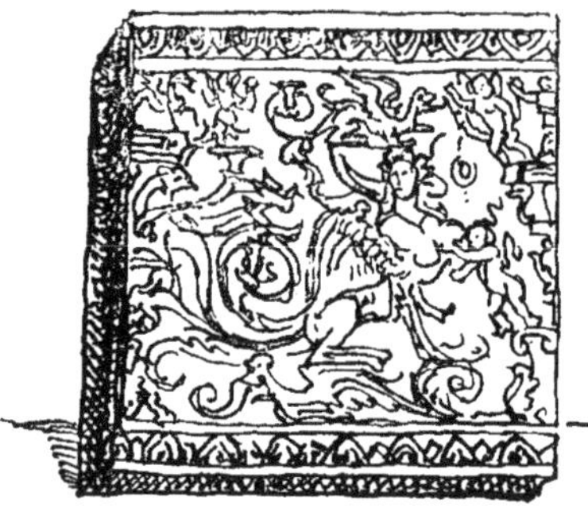

N° 324.

Le décor est magnifique ; ce sont des chimères, des grotesques, des dragons, des paons et des amours entrelacés d'arabesques et peints, sur un superbe fond noir, en jaune, blanc, brun vert et bleu.

325. Pendant du n° 324. *Pièces rares* dont l'équivalent n'existe dans aucune collection.

330. Coupe ronde à pied, de 24 cent. de diamètre, en faïence à émail stannifère et à décor polychrome d'Urbino, de la décadence, de la fin du dix-septième siècle. Elle est couverte d'arabesques jaunes et bleus sur un fond blanc et montre au milieu un amour.

334. Coupe ronde creuse à pied, de 27 cent. de diamètre, en faïence d'Urbino, à émail stannifère et à décor polychrome du dix-septième siècle. Elle est couverte d'ornements fort décoratifs ; le centre ombiliqué montre une sorte d'échiquier peint en orange, jaune, vert, bleu et blanc, et le revers est marqué en rouge.

ℰ

339. Plat rond, de 40 cent. de diamètre, en faïence à émail stannifère, à décor polychrome, de Rimini ou de Deruta, du commencement du seizième siècle.

Le sujet représente le buste d'un chevalier en armure du temps des *Malatesta* (famille qui avait vendu le duché de Pezaro à Sforza). Sur une banderolle qui flotte autour de la *hallebarde* est inscrite la devise que voici :

Uno, bello, molite tutt a lani ta nora (sic).

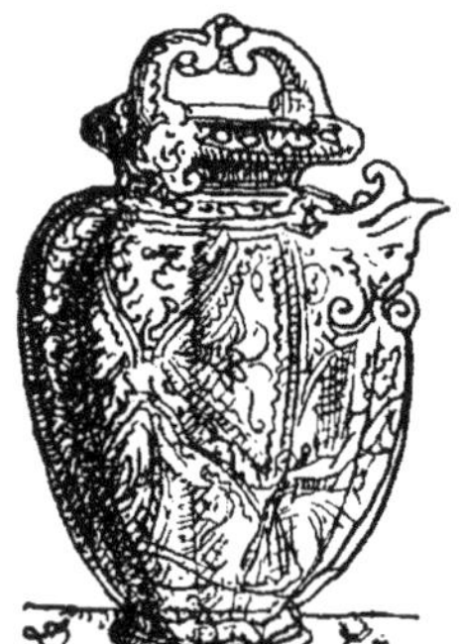

N° 344.

344. Vase à goulot, de 28 cent. de hauteur, en faïence à émail stannifère et à décor polychrome *de Ferrara,* fabriqué sous le règne d'Alphonse Ier (1505 à 1534). Peint richement en jaune et en noir sur fond blanc, d'ornements pour ainsi dire jetés en ébauche par la main d'un véritable artiste, on voit sur le devant de la panse la figure d'une femme qui tient une pomme à la main.

348. Médaillon, de 17 cent., en faïence à émail stannifère et à décor polychrome, probablement de *Faenza*, mais peint par un artiste d'*Urbino*, comme la touche paraît l'indiquer. Le sujet est un beau portrait en buste, d'un personnage de la fin du dix-septième ou du commencement du dix-huitième siècle, à grande perruque et entouré de l'inscription suivante :

Paulus Oricella. Clar. : Johannis F. I.

On lit aussi au revers, sous l'émail, le millésime de 1703.

353. Coupe plate à pied, de 28 cent. de diamètre, en faïence à émail stannifère de *Castelli* et décorée en polychrome. Le sujet paraît une copie de la *Charité romaine.*

355. Plat ou **Coupe ronde**, de 20 cent. de diamètre, en faïence à émail stannifère de *Pesaro*, de la première époque, ou de la fin du quinzième siècle ; exemplaire *fort rare.* Le décor représente sainte Cécile, peinte en jaune-brun et vert sur un fond bleu et blanc. Le dessin presque gothique, d'une grande naïveté, est intéressant pour l'archéologue.

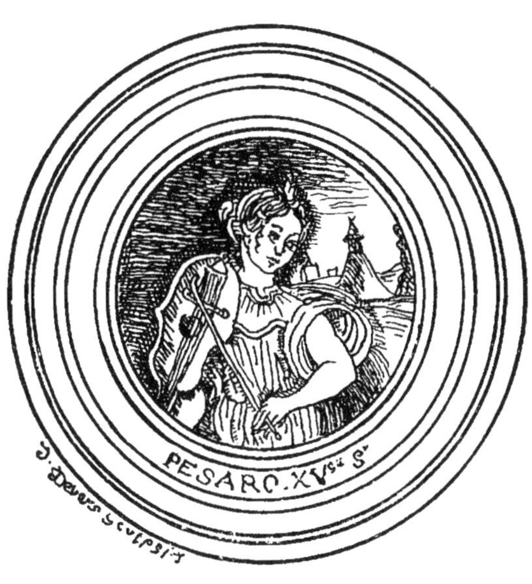

N° 355.

363. Petit plat creux, de 17 cent., de la *Frata*, du seizième siècle, en terre cuite, à vernis plombifère et décoré sur engobe, en vert, brun et jaune, d'ornements et feuilles et d'une fontaine dans un cartouche au milieu.

367. (247) **Grand plat**, de 60 cent. de diamètre, en faïence à émail stannifère et à décor camaïeu bleu, de la fabrique de *Savona.*

Ce beau plat est ouvragé en haut-relief, style renaissance un peu rocaillé, avec chimères et mascarons, et décoré, au milieu, d'un sujet mythologique. Il est marqué, à l'envers, des initiales

M. C.

couronnées.

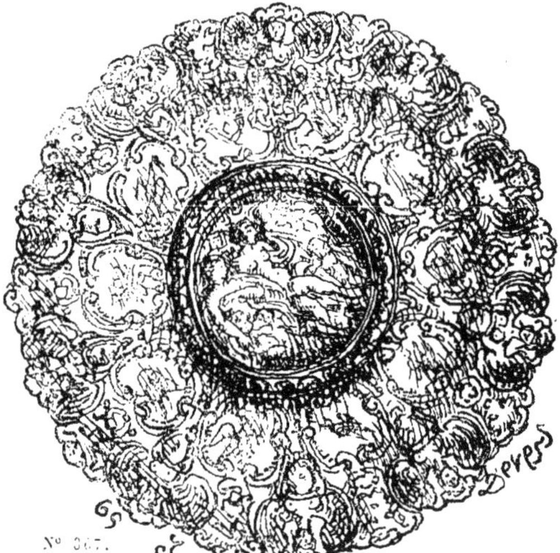
N° 367.

371. (251) **Soucoupe ronde**, de 16 centimètres de diamètre, en faïence à émail stannifère et à décor polychrome d'*Angrano;* elle est armoriée sur un fond de paysage où le bleu domine, et porte à l'envers le monogramme suivant :

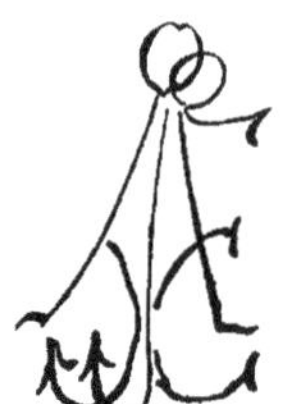

376. Plat rond, de 41 cent. de diamètre, en terre cuite au vernis plombifère de *Pavia*, du quinzième siècle. Ce plat, fort rare, est coloré par le fer d'un brun qui ressemble à celui du pain d'épice, et gravé en champ levé sur engobe. Ce sont des arabesques et un sujet : le baptême du Christ dans le Jourdain, avec un ange à côté, et au-dessus, dans les nuages, le Père éternel. On lit, au-dessous de l'ange : *Joannes Vicentius Marcellus.* La forme des arabesques, entremêlées

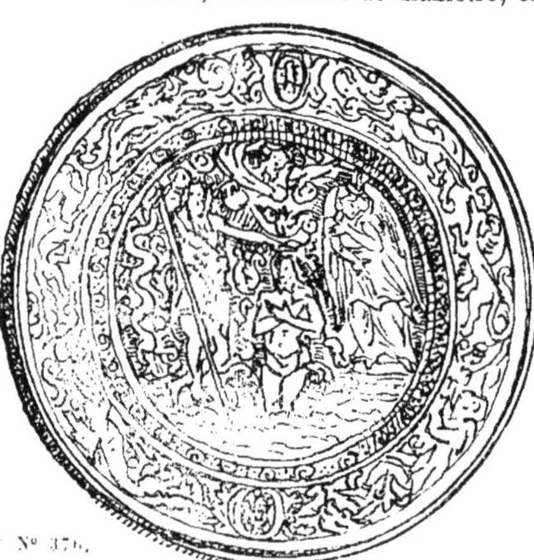
N° 376.

d'animaux et d'armoiries, et l'arquebuse à mèche (1400-1500) du chasseur représenté couché sur les bords du plat, indiquent l'époque de sa fabrication.

381. (255) **Plat rond**, de 33 cent. de diamètre, en terre cuite, peint sur engobe polychrome et verni en plomb, de *Montelupo*, probablement du dix-huitième siècle. Le sujet du décor représente deux hommes se battant à l'épée, le tout exécuté naïvement et d'une manière qui indiquerait plutôt le quinzième siècle.

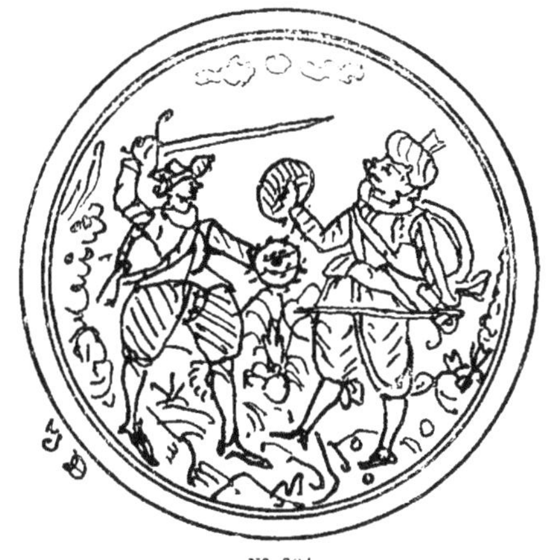

N° 381.

386. (329) **Carreau de pavage**, de 12 cent., en faïence à émail stannifère, provenant du château d'Écouen, mais exécuté à Rouen par des *artistes italiens, en* 1542. Le décor d'ornements est en jaune, bleu, vert et violet.

POTERIE FRANÇAISE

403. Pot, de 12 cent. de hauteur, en terre cuite jaunâtre, sans couverte, et fait au tour et orné de quelques raies rouges, tracées du haut en bas avec de la terre ferrugineuse. Cette poterie provient des dragages opérés par M. Forges dans les sables du lit de la Seine, à Paris, et remonte probablement au quatorzième siècle.

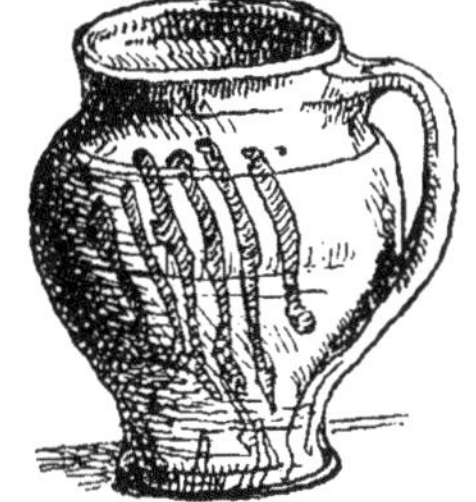

N° 403.

410. Carreau de pavage, de 10 sur 12 cent., en terre cuite rouge à niellures (estampées) de terre blanche, qui représente un château fort. Il est de provenance normande et remonte au quatorzième siècle.

411. Carreau de pavage, de 11 cent., en terre cuite rouge à niellures estampées, ou plutôt à engobes en terre blanche réservés qui figurent un homme armé, que l'on croit représenter Édouard V, prince de Galles, le héros de Poitiers et de Najera, surnommé le Prince noir, d'après la couleur de son armure, né en 1330, mort en 1376, et qui avait fixé la résidence de sa cour vraiment royale à Bordeaux, en 1363, lors de son investiture à la principauté d'Aquitaine (Guienne). Ce carreau, qui provient d'un vieux monument bordelais, est du même genre de fabrication que n° 414.

414. (318) **Panneau garni de quatre carreaux de pavage,** chacun de 13 cent. carrés, en terre cuite rouge à niellures (estampées ou produites sur engobe) de terre blanche, qui représentent des fleurs de lis, des hallebardes[1] et des varlets. Ces carreaux, que l'on doit attribuer au quinzième siècle, proviennent de l'ancien couvent de *Jerés, près Brunoy* (Seine-et-Oise).

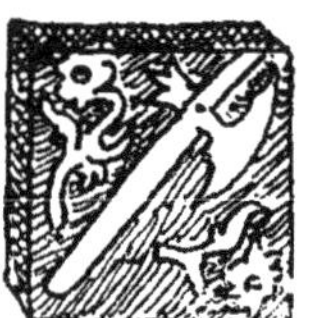

N° 414.

419. Groupe, en terre cuite, sans couverte, de 26 sur 45 cent. de grandeur, et de la fin du quatorzième ou du commencement du quinzième siècle; il provient des *Andelys*, en Normandie, et se compose de cinq figures modelées en haut-relief et en ronde-bosse.

C'est une pièce précieuse pour l'étude de l'himatiologie et très-rare, sinon unique, comme sculpture *en terre cuite française, de cette époque.* Le caractère presque archaïque et la variété des physionomies, l'ampleur de la composition, tout y signale une œuvre gothique française, éminemment remarquable.

Devers

N° 419.

428. Vase forme cornet, de 17 cent. de hauteur, en grès de *Voisinlieu*, orné de vignes à grappes en relief et émaillées en vert, rouge et blanc, modelé par *Claude-Louis Ziégler*, mort en 1856, peintre d'histoire (tableaux au Luxembourg, et à l'église de la Madeleine, à Paris). Ce vase porte, sous le pied, le monogramme de la fabrique :

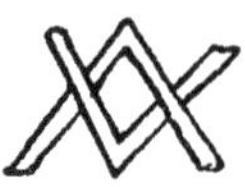

[1] Arme introduite en France vers 1450.

436. Paire de flambeaux, en terre cuite, poterie dite de *Bernard Palissy*, décorés en polychrome sous vernis minéral, de 28 cent. de hauteur, et très-artistement modelés. Ils représentent des Chinois sur des rochers, et doivent remonter au dix-septième siècle.

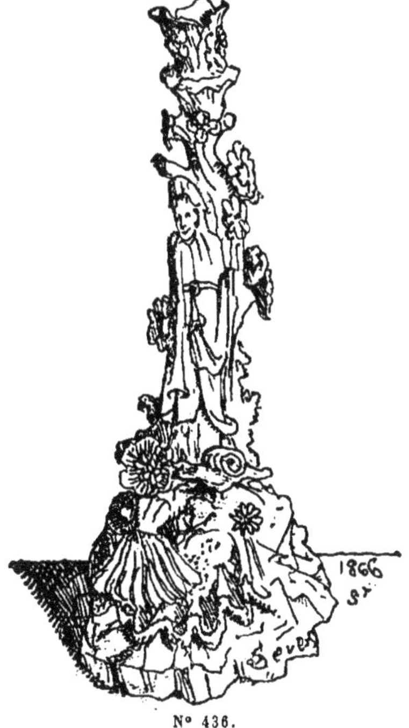

N° 436.

438. Buire à anse et à long goulot, tête de chimère, de 24 cent. de hauteur, en terre cuite d'*Avignon*, au vernis minéral jaune et vert, du seizième siècle. Toute cette belle pièce est recouverte d'ornements en relief, appliqués par la barbotine : ces ornements consistent en mascarons, arabesques, amours et autres figures nues un peu courtes de proportions, mais dont les petites têtes sont pleines d'expression ; elle se remplit par le socle et n'a pas d'ouverture en haut [1].

446. (347) **Surtout,** ou **Plateau** ondulé et à galeries à jour, de 38 cent. de diamètre, en terre cuite d'*Avignon*, du dix-septième siècle, au vernis minéral brun ferrugineux. Un pareil exemplaire se trouve au musée du Louvre.

450. Plat creux, de 34 cent. de diamètre, en faïence à émail stannifère, de Nevers, d'Antoine Conrade, fils de Dominique Conrade, le fondateur des fabriques nivernaises de faïence. En pâte lourde, le décor de ce plat, peint sur le cru en bleu et jaune (l'espèce de nuance verte que l'on voit est le produit d'un mélange, le coulage du bleu et du jaune), imite la majolique italienne et consiste, sur les bords, qui sont étroits, en ornements de style renaissance, com-

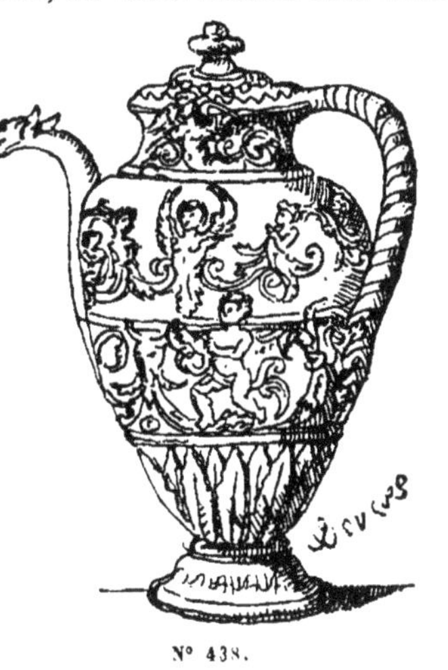

N° 438.

[1] Les Hollandais appellent cette forme de poterie *Stortebeker* et en attribuent l'inven-

posés de sphinx ou chimères et de têtes grotesques, réminiscence qui rappelle les ornements des carreaux de revêtement de la Bibliothèque de Sienna. Au milieu, ce plat montre un sujet de quatre figures sur un fond de paysage, copie naïve de la *Sainte-Famille*, de Raphaël. On lit, dans un des ornements du marli, le millésime de 1633. (Antoine Conrade, né en 1604, servit comme gentilhomme et gendarme la reine-mère, et fut en même temps *maistre potier*. Il mourut en 1648, et laissa un fils du nom de Dominique.)

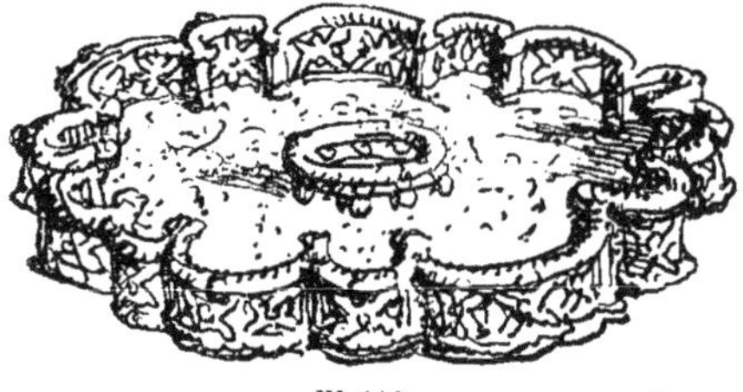
N° 446.

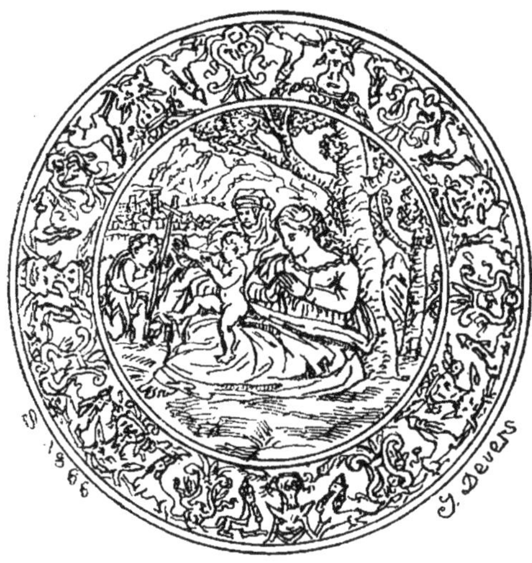

N° 450.

Ce plat est marqué à l'envers du monogramme de cet artiste,

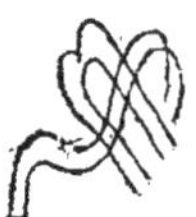

accompagné d'un C également tracé irrégulièrement en bleu et au pinceau.

C'est un spécimen des plus rares et des plus précieux pour l'histoire de la faïence française.

454. Carreau de pavage, de 11 sur 19 cent., en faïence à émail stannifère, de *Nevers*, d'un beau bleu lapis, décoré d'ornements et d'oiseaux à blanc fixe, dans le goût de la renaissance italienne ; il provient du palais des ducs de Nivernais, à Nevers. Ce pavage avait été fabriqué au temps de Louis XIV.

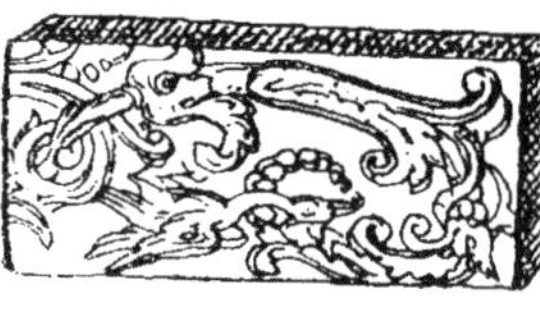
N° 454.

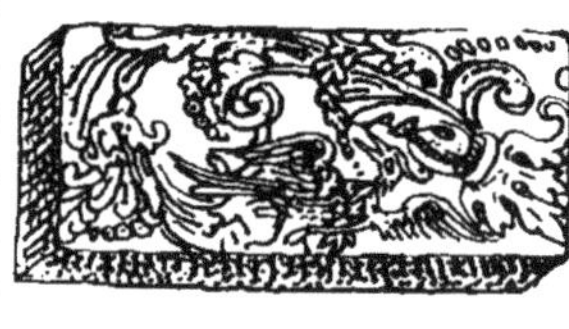
N° 455.

lion, en 1520, au modeleur Cornelis Hendrik Vroom, de Haarlem, père du célèbre Hendrik Vroom, le créateur de la peinture marine, artiste dont il est fait mention dans la partie de ce Catalogue où sont énumérées les faïences hollandaises.

455. Le pendant du numéro 454, mais à ornements blanc et jonquille. Ces deux carreaux sont encadrés.

458. Deux carreaux de pavage, de 12 cent., en faïence à émail stannifère de *Lisieux*, en Normandie, fabriqués entre 1550 et 1650. Les ornements sont en émail bleu, jaune et manganèse sur fond blanc et entourés d'une sorte de niellure, ou plutôt de coupure qui les sépare les uns des autres.

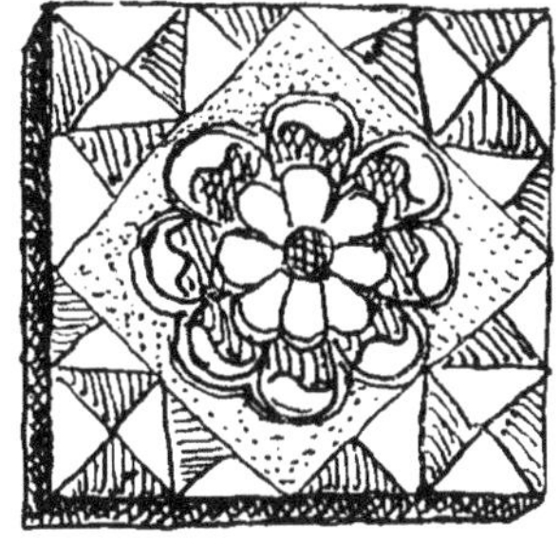

N° 458.

464. Soucoupe, de 18 cent. de diamètre, en faïence à émail stannifère, de *Nevers,* de la seconde époque (imitation persane), vers 1640. Le décor consiste uniquement en petites taches blanches et rondes, espèce de tigré, sur un fond bleu de Perse.

470. Assiette, de 23 cent. de diamètre, en faïence à émail stannifère de Nevers, décorée d'ornements bleus et manganèse et au milieu les armes des familles Blampin et Magnani (une équerre et trois papillons jaunes sur fond bleu).

472. Assiette, de 25 cent., en faïence à émail stannifère de Nevers, décorée en polychrome dans le goût de l'imitation chinoise-hollandaise (genre chinois de la troisième époque de la fabrication nivernaise de 1640 à 1750). Le sujet représente un paysage animé de personnages esquissés en bleu et manganèse. L'armoirie sur le bord, peinte en jaune, bleu et vert, montre des étoiles et des gerbes de blé.

476. Plat octogone creux, à légumes, de 24 sur 31 cent., en faïence à émail stannifère, de *Rouen*, de la fin du dix-septième siècle. Le bouton du couvercle est formé par un serpent vert ; un admirable décor de guirlandes de fleurs et d'ornements en polychrome recouvre entièrement cette précieuse faïence à l'extérieur, tandis qu'une riche bordure d'ornements, sur un fond rechampi en bleu, court dans l'intérieur, où le fond est orné d'une corbeille de fleurs et marqué du monogramme

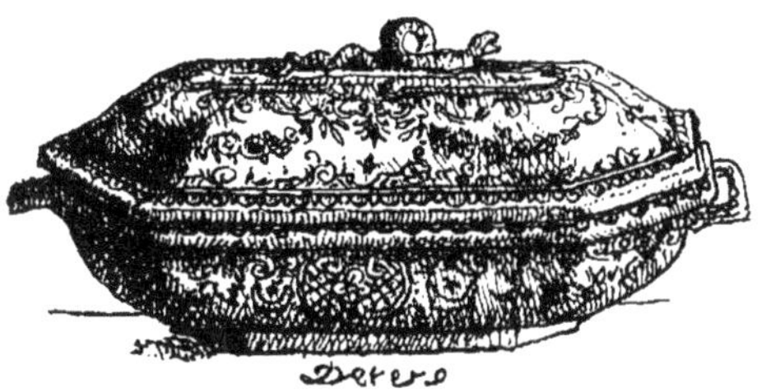

N° 476.

F

482. Pot à cidre, forme cafetière à anse et couvercle, de 24 cent.

de hauteur, en faïence à émail stannifère de Rouen, de la fin du dix-septième siècle. Le décor polychrome consiste en fleurs et branchages, œillets rouges et blancs, etc., qui rappellent le décor des faïences de Menecy.

484. Petit broc à anse, forme tronc, de 11 cent. de hauteur, en faïence à émail stannifère de Rouen, du dix-septième siècle. Le décor, en bleu et jaune sur fond blanc, est composé d'ornements. Pièce rare, véritable bijou céramique.

486. (337) **Grand plateau octogone,** de 50 sur 62 cent., en faïence à émail stannifère et à décor polychrome de Rouen. Une bordure d'ornements rocaillés et entremêlés d'oiseaux, de feuillages et de branches en vert, jaune, bleu et violet encadre le sujet, groupe composé de quatre personnages, trois hommes et une dame, de 25 cent. de hauteur chaque, et en costumes du temps de Louis XV[1], qui jouent au tric-trac sur une boîte à jeu posée sur leurs genoux. Le dessin est parfait, mais le coloris des chairs est presque absent et les têtes, toutes exécutées au trait et en teintes plates, ne sont remarquables que par leur expression. Tout y paraît indiquer la fabrique de Rouen, sauf l'absence du rouge, qui laisse subsister des doutes sur l'attribution.

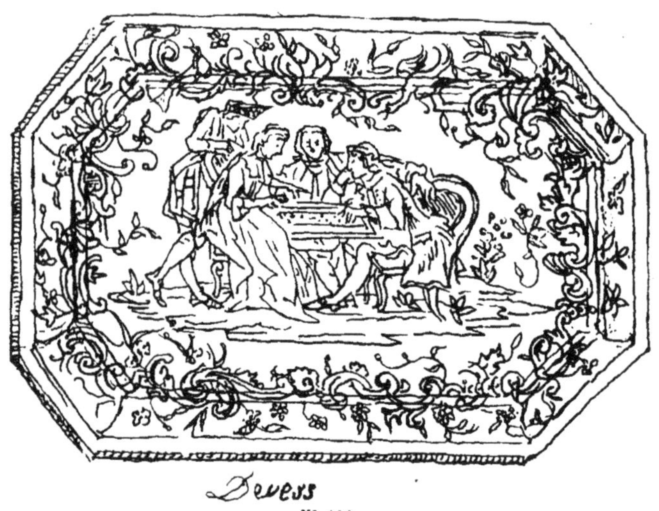

N° 486.

490. Pot à tabac, forme potiche, de 18 cent. de hauteur, en faïence à émail stannifère de Rouen, du dix-huitième siècle. Le décor polychrome consiste en œillets et autres fleurs, papillons et demoiselles, et la corne d'abondance.

[1] Probablement des portraits historiques.

493. Sonnette, de 14 cent. de hauteur, en faïence à émail stannifère et à décor polychrome de Rouen, du dix-septième siècle. Le manche est formé par une statuette, un dieu Mars, en cuivre fondu, travail de l'époque.

495. Fontaine ovoïde, de 44 cent. de hauteur en faïence à émail stannifère de Rouen, du dix-septième siècle. Le décor polychrome riche consiste en ornements et en guirlandes de fleurs peints sur fond blanc, le tout d'une très-belle facture.

500. (295) **Carreau de pavage,** de 10 1/2 cent., en faïence à émail stannifère et à décor polychrome vert, bleu, jaune et brun, fait probablement dans une des fabriques de *Rouen*, à la fin du dix-septième siècle ou au commencement du dix-huitième. Il provient de la *chambre de faïence* du sous-sol, au *château de Rambouillet*, où les carreaux de revêtement en faïence, décorée d'une marine en camaïeu bleu, sont l'œuvre de C. Boumester de Delft, et furent rapportés de la Hollande par le comte de Toulouse, duc de Penthièvre, fils illégitime de Louis XIV, pour qui Rambouillet avait été érigé en duché-pairie. Amiral, entre 1760 et 1770, il avait visité la Hollande. Les nuances des couleurs et les dessins de ce carreau du *pavage* ressemblent cependant aussi beaucoup aux carreaux (azulejos) d'Espagne, fabriqués au seizième siècle par des artistes italiens (voir n° 285) et ce carreau pourrait donc bien être l'œuvre d'un céramiste italien.

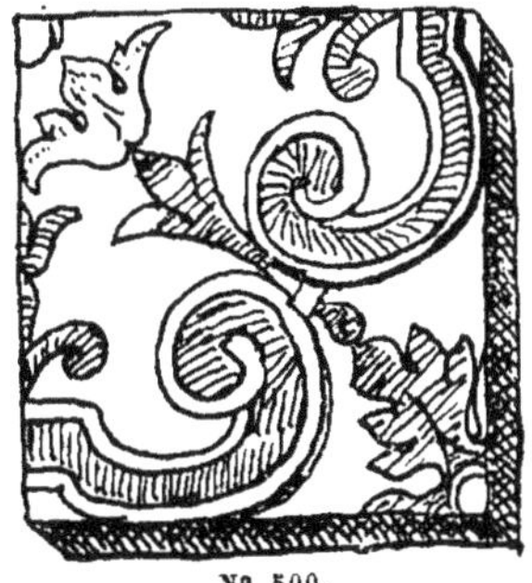
N° 500.

506. (362) **Écuelle à anses**, de 18 cent. de diamètre, en faïence à émail stannifère et à décor polychrome de *Moustiers*, du dix-huitième siècle, marquée sous le couvercle du monogramme du potier Olery,

céramiste connu par son voyage fait à Denia, en Espagne, où il a travaillé. Le décor consiste en arabesques d'un vert nuancé, en animaux fantastiques et en charges dans la manière de Callot. Le bol porte le même monogramme précédé d'un

G

516. (367) **Calice,** de 16 cent. de hauteur, en faïence à émail stannifère, de *Marseille*, signé sous le pied :

Jacques Borelly, 1781 [1]

[1] Ce Borelly (selon d'autres Boselly) paraît s'être établi, en 1780, à Savona, en Italie, où il a continué à fabriquer des faïences. La lourdeur de la pâte de ce calice autorise à penser qu'il a été fait en Italie.

Le corps est rocaillé et travaillé à jour, et le décor rouge et vert, cuit au petit feu de réverbère, forme des guirlandes de fleurs. Le vert est de la même nuance que celui de Savy, de Marseille (1745 à 1795).

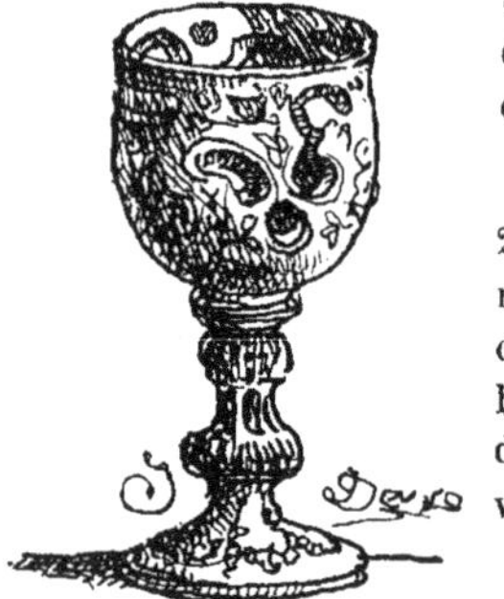

N° 516.

521. (365) **Assiette à bord festonné,** de 25 cent. de diamètre, en faïence à émail stannifère, de *Marseille;* le décor, à ornements rocaillés, au feu de réverbère, indique par son beau vert la provenance, celle de la fabrique de Savy, de 1745, qui obtint, en 1777, un brevet royal.

530. Cafetière rocaille, à deux anses et à trois robinets, de 41 cent. de hauteur, en faïence à émail stannifère, de *Strasbourg*, du dix-huitième siècle. Cette belle faïence est décorée de fleurs en rose et vert au feu de réverbère. L'émail est suave et blanc, et sans craquelures.

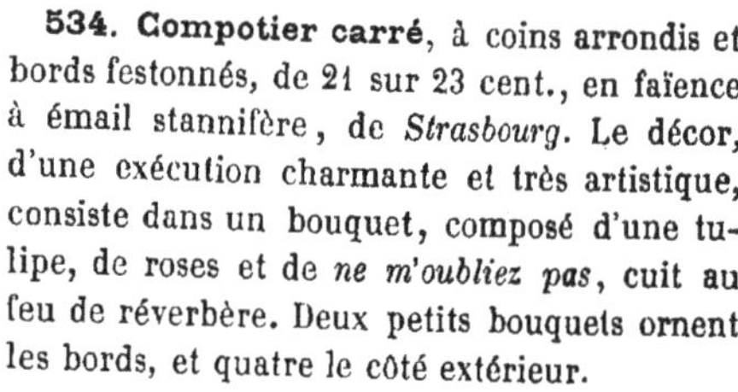

534. Compotier carré, à coins arrondis et bords festonnés, de 21 sur 23 cent., en faïence à émail stannifère, de *Strasbourg*. Le décor, d'une exécution charmante et très artistique, consiste dans un bouquet, composé d'une tulipe, de roses et de *ne m'oubliez pas*, cuit au feu de réverbère. Deux petits bouquets ornent les bords, et quatre le côté extérieur.

N° 530.

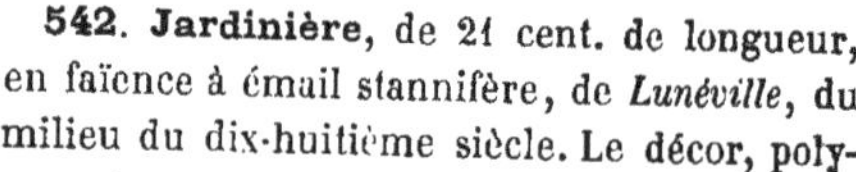

542. Jardinière, de 21 cent. de longueur, en faïence à émail stannifère, de *Lunéville*, du milieu du dix-huitième siècle. Le décor, polychrome au feu de réverbère, représente trois charmants paysages esquissés par la main d'un habile artiste. Le principal paysage est animé par deux personnages et un chien. Ce genre de poterie et de décor avait été longtemps attribué à *Sceaux-Penthièvre*.

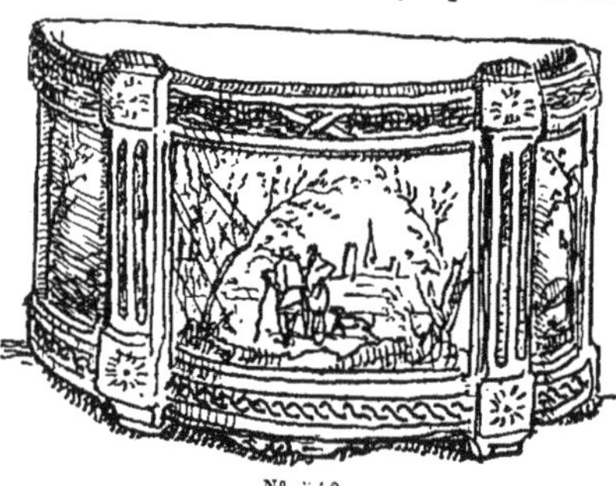

N° 542.

545. Statuette en terre cuite sans couverte, de 23 cent. de largeur et de autant de hauteur, œuvre de *Guil. Coustou père*, né en 1678, mort en 1746, de qui le Louvre possède le morceau de réception à l'Académie, un *Hercule sur le bûcher*, exécuté en 1704.

Cette statuette représente un *Bacchus* d'une quarantaine d'années, assis sur une peau de lion et sur une outre. La tête, ceinte de pampres, est belle d'expression.

546. Statuette en terre cuite sans couverte, du même artiste que le nº 545; elle représente encore un *Bacchus*, mais adolescent, de 23 cent. de hauteur sur 16 de largeur.

548. Assiette à bord festonné, de 25 cent. de diamètre, en faïence à émail stannifère, de *Menecy*, du milieu du dix-huitième siècle. Le décor polychrome, consistant en œillets, branchages et oiseaux, ressemble beaucoup à celui de Rouen. *C'est une des plus rares faïences françaises*. Un signe caractéristique du décor de cette faïence, ce sont les têtes des perroquets qui ressemblent à des cailloux d'agate taillés.

552. Assiette à bord festonné, de 24 cent. de diamètre, en faïence à émail stannifère, de la fabrique de *Niderwiller*, et qui porte la marque du comte de Custine :

Le décor, en camaïeu rose, représente un paysage esquissé artistement au milieu de l'assiette, et des insectes peints sur les bords.

555. (373) **Médaillon**, de 10 cent. de diamètre, en terre cuite sans couverte, du *château Chaumont-sur-Loire*, près Blois, œuvre de *Jean-Baptiste Nini* (1760-1786). Le sujet, en relief et signé *Nini*, 1777, représente le buste de *Franklin*, avec la légende : Franklin-Américain.

569. (383) **Assiette,** de 23 cent., en faïence à émail ombrant, de *Rubelles*, de la fabrique du baron de Bourgoin, fermée en 1858. Cette assiette, qui provient d'un service fait pour S. M. le roi de Hollande, pour son château du Loo, est entourée d'un bord à jour et festonnée, et décorée sur l'émail brun de quatre cartels à sujets de chasse. Le bel émail vert du milieu est orné du grand lion héraldique hollandais.

571. Plat, de 30 cent. de diamètre, en faïence à émail stannifère ombrant, même provenance que le numéro 569, mais tout en vert. Les bords sont ornés d'une infinité d'ornements, d'arabesques et d'oiseaux, et le milieu est blasonné.

573. Plaque carrée et encadrée, de 13 sur 19 cent., en faïence ombrante, de *Rubelles*, charmante composition d'un effet délicieux qui représente un paysage suisse. (Voir numéro 569.)

574. Idem., de 14 sur 19 cent., idem., représente un intérieur d'église gothique. (Voir numéro 569.)

576. Cabaret complet de dix-huit pièces, de *Rubelles*; il est émaillé façon agathe et orné de médaillons *verts historiés*. (Voir numéro 569.)

578. Médaillon, de 18 cent. de diamètre, encadré en chêne. Cette faïence, à émail stannifère, sort de la fabrique de MM. *Pichenot et Lœbnitz, à Paris;* la peinture, en camaïeu bleu très-artistique, d'un buste de femme en profil, est l'œuvre de M. *A. Bidot*, qui l'a signée de son monogramme :

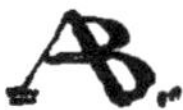

580. Carreau de pavage, de 16 sur 17 cent., en terre cuite à niellures polychromes, jaune, brun, gris, citron, vert et au vernis de plomb, de la fabrique de *Mme veuve Dumas, à Paris.*

585. Coupe à large bord, de 24 cent. de diamètre, en faïence à émail stannifère, œuvre de M. *Joseph Devers, à Paris.* Le décor, bleu et jaune, représente *sainte Cécile;* le monogramme de l'artiste se lit à l'envers.

587. Coupe à pied, de 16 cent. de diamètre, en faïence à émail stannifère, de la fabrique de M. *Laurin, à Bourg-la-Reine*, et peint en polychrome sur le dégourdi par M. *Chapelet*, ancien artiste de Sèvres, dont elle porte le monogramme (un chapelet).

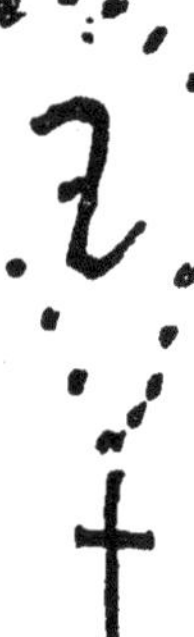

589. (387) **Assiette**, de 26 cent. de diamètre, en terre cuite décorée d'émaux. Ce sont des ornements grecs en couleurs, bleu, brun, vert, rouge, blanc et jaune. L'assiette est l'œuvre de M. *Théodore Deck, de Paris*, et porte son monogramme :

TD.

594. Assiette, de 19 cent. de diamètre, en faïence à émail stannifère, peint en polychrome par Mme *Jacquart, de Paris.* Le décor imite, à s'y méprendre, le Moustiers. Au milieu, un sujet d'après Callot, sous lequel on lit : *Ricilena et Metzelin.*

596. (392) **Assiette**, de 24 cent., en faïence à émail stannifère, peint en camaïeu bleu, sur le cru, par M. *Hippolyte Pinart*, à Paris. Le sujet représente la Vierge avec l'Enfant Jésus, d'après Ludovico Caracci; cette pièce est signée au revers en toutes lettres : Peint sur émail cru par Hippolyte Pinart (d'après Louis Carrache), Paris, 1862, au seul grand feu. Le monogramme suivant se voit à côté de la Vierge :

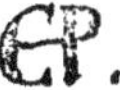

598. Plaque ovoïde creuse, de 9 sur 12 cent., en faïence à émail stannifère. Portrait de *Mme D.*, peint sur le cru, en camaïeu bleu, par M. Hippolyte Pinart. Cette plaque porte la signature et le monogramme de l'artiste.

600. Médaillon, de 10 cent. de diamètre, en faïence à émail stannifère, décoré sur l'émail, en camaïeu bleu, d'un sujet de fruits et de feuilles de vignes. Il porte le monogramme de l'artiste, M. *Hippolyte Pinart, à Paris.*

602. Plaque carrée, de 7 sur 18 cent., en faïence à émail stannifère, décorée en camaïeu bleu sur le cru, d'un sujet de fruits, par M. *Hippolyte Pinart, à Paris,* dont elle porte le monogramme.

605. Plaque carrée, de 24 sur 36 cent., en faïence à émail stannifère, peinte sur le cru, au polychrome, par M. *Michel Bouquet, à Paris.* Le sujet représente un paysage au soleil couchant. C'est une des plus remarquables productions de cet artiste; elle est signée en toutes lettres.

606. Plaque carrée, de 16 sur 28 cent., en faïence à émail stannifère, peinte sur le cru, en polychrome, par M. *Michel Bouquet, à Paris* (marine au clair de lune). C'est une composition dans le sentiment hollandais et d'un effet mystérieux; elle porte le monogramme de l'artiste :

MB

POTERIE HOLLANDAISE

618. (259) **Cruchon à anse** et à pied plissé, dit *Jacoba Kanetje*, de 20 cent. de hauteur, en grès gris-blanc du quatorzième siècle. C'est un de ces spécimens que la croyance populaire attribue à la comtesse Jacuba de Bavière. (Voir mon *Guide.*)

619. (259) **Cruchon à anse** et à pied plissé, de 27 cent. de hauteur; même espèce que le précédent.

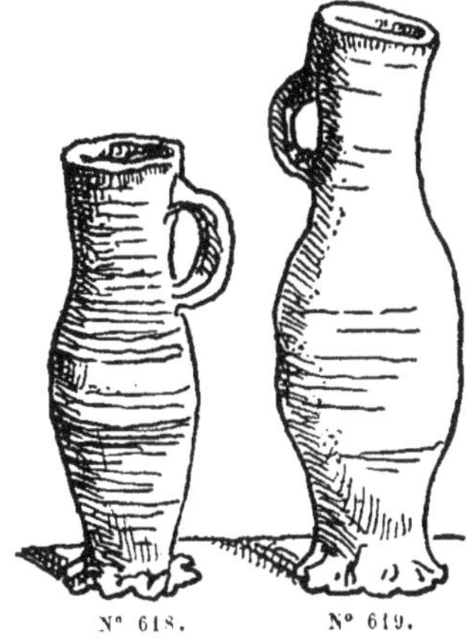

N° 618. N° 619.

622. (261) **Brique de cheminée, demi-circulaire**, de 19 sur 33 cent., en terre cuite sans couverte, et ornée de bas-reliefs qui représentent les armoiries de Philippe II, fils de Charles-Quint, avec l'orgueilleuse devise : *Plus ultra*, et le millésime 1598.

624. (261) **Brique de cheminée carrée**, de 10 sur 16 cent., en terre cuite sans couverte, provenant du *lac de Haarlem.* Elle est couverte d'ornements en bas-reliefs, où l'on distingue le lion néerlandais, des soleils et le millésime 1598.

625. (261) **Brique**, comme la précédente, et même provenance, couverte de bas-reliefs, d'ornements de la Renaissance.

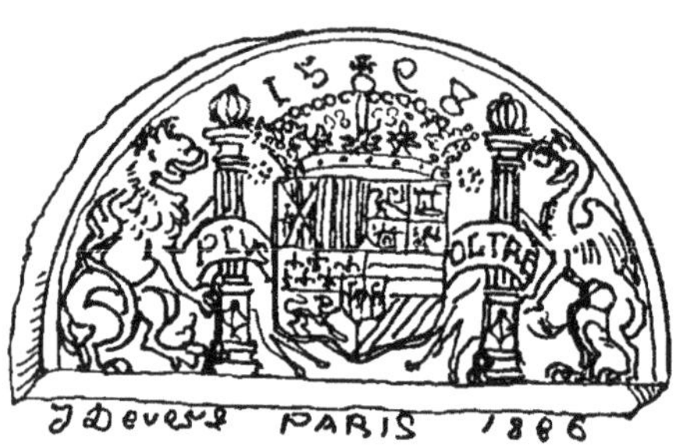

N° 622.

626. (261) **Brique**, comme la précédente, et de la même provenance. Les bas-reliefs représentent sept figures, parmi lesquelles on distingue celle d'une femme qui a les mains liées.

DELFT

633. (263) **Cheval**, de 17 sur 23 cent., en faïence à émail stannifère, de *Delft*, décoré en vert et en camaïeu bleu et doré. Il est sellé et richement caparaçonné ; la crinière et la queue sont relevées et nattées artistement et ornées de rosettes, etc., ainsi que les dessins et les gravures des anciens maîtres, et particulièrement de Durer, ont représenté les chevaux de parade dans les fêtes, les entrées et les couronnements des princes, durant le quinzième et le seizième siècle.

Cette intéressante pièce est marquée et datée sous le piédestal :

I. H. F.
1480

en bleu, au grand feu et sous l'émail.

637. **Plat**, de 34 cent. de diamètre, en faïence à émail stannifère, de *Delft*, fabriqué vers 1575. Il est décoré en polychrome, imitation du vieux chine mandarin à bords rechampis en noir. Les couleurs employées sont le violet, le bleu, le vert, le noir, le jaune et le rouge.

638. **Plat**, idem., pendant du numéro 637.

640. **Plaque carrée**, de 20 sur 30 cent., en faïence à émail stannifère, de *Delft*, de la fin du seizième siècle. Le sujet, peint en polychrome, représente Abraham et Agar, comme l'indique l'inscription : Genèse, 21. Les personnes ont un grand caractère et rappellent la manière de Durer. Cette belle pièce est encadrée dans une bordure sculptée ancienne.

641. Bas-relief carré, de 14 sur 18 cent., travail *hollandais* (Delft?) du seizième siècle, en terre cuite dorée et coloriée à froid, et encadré dans une bordure du dix-septième siècle, noire à guillochis. Le sujet représente l'entrée du Christ à Jérusalem.

643. Assiette, de 23 cent. de diamètre, en faïence, à émail stannifère, de *Delft*, du seizième siècle. Le décor chinois, d'une grande finesse, mais au petit feu, est vert, jaune, rouge, bleu et or. Des fleurs sont émaillées en *empâtement*, espèce de relief qui rappelle les émaux cloisonnés chinois.

645. Assiette, de 22 cent. de diamètre, en faïence à émail stannifère, de *Delft*, du seizième siècle. Le décor chinois, en bleu, vert, rouge, jaune et violet, représente des arbrisseaux, des perroquets, etc., etc.

647. Assiette, de 23 cent., en faïence stannifère, de *Delft*, du seizième siècle, à décor *chinois-indien*, très-finement exécuté, et consistant en fleurs, décoratives de couleurs rouge, bleue, verte, jaune et violette.

649. Assiette, de 22 cent. de diamètre, en faïence à émail stannifère, de *Delft*, du seizième siècle, décoré au grand feu de fleurs jaunes, bleues, rouges et violettes, et d'oiseaux et branchages.

651. Assiette, de 26 cent. de diamètre, en faïence à émail stannifère, de *Delft*, du seizième siècle. Le décor en camaïeu bleu, imitation japonaise, représente des chasseurs à cheval, armés de toutes sortes d'engins, et qui courent après le gibier. Pièce très-rare.

653. (265) **Potiche,** de 17 cent. de hauteur, montée sur un pied bronzé. C'est une faïence à émail stannifère, de *Delft*, décorée, en 1580, par le céramiste *van Dommelar*. Le décor, à fond vert tigré, est parsemé de fleurs à cinq pétales d'or, cernées de rouge, et montre trois grands et six petits cartels, où l'artiste a représenté des paysages chinois, des tigres, des arbres et des papillons en rouge, vert, bleu, brun, café au lait et or. Pièce magnifique et fort rare.

656. Buste, de 23 cent. de hauteur, en faïence à émail stannifère, de *Delft*, de la fin du seizième siècle. Ce buste, posé sur un socle carré, et parfaitement bien modelé, décoré en camaïeu bleu, représente un homme en armure d'écailles, tel que Sobieski en portait en 1629 (Voir page 239, musée de Dresden, dans mes *Souvenirs de voyage d'un Collectionneur*).

659. (268) **Assiette,** de 26 cent. de diamètre, en faïence à émail stannifère de *Delft*, œuvre du potier *Jean Brouwer*, de 1550, et qui porte son monogramme :

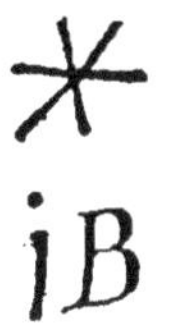

Le décor, en camaïeu bleu, peint sur le cru, représente au milieu les armoiries d'alliance des familles patriciennes de Jacob-Jacob-Zoon et de van Hemskerk, de Delft. Les bords sont couverts d'ornements d'une grande finesse et d'un goût exquis. Le musée de Cluny et celui de Sèvres possèdent de pareils exemplaires.

660. (268) **Assiette,** pendant du numéro 659.

664. **Buire** en faïence à émail stannifère, de *Delft*, probablement du dix-septième siècle. Elle a 36 cent. de hauteur; l'anse torse et le modelage de cette belle pièce rappellent les formes des faïences de Nevers de la première époque. Le décor en camaïeu bleu, dans le style chinois, est vigoureux de ton, et, en même temps, excessivement fin; dessin fort heureux et dans le genre du seizième siècle. Cette faïence est marquée :

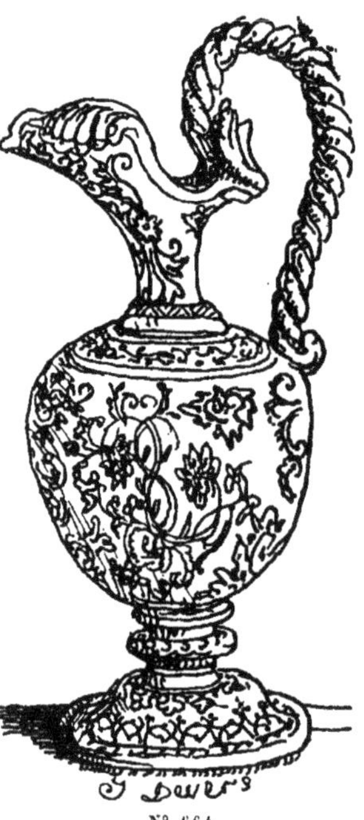

N° 664.

en bleu, surmonté d'un 7 et suivi d'un 15.

Si la forme ne faisait pas sentir un commencement de rocaille, tout le reste indiquerait le seizième siècle.

665. **Plaque** carrée, de 13 cent., en faïence à émail stannifère, du commencement du dix-septième siècle, de *Delft*. Le décor, en camaïeu bleu, représente un couple amoureux dans le genre de *Jan-Steen*. Les quatre coins sont ornés de fleurs de lis.

666. Pendant du numéro 665; le sujet montre ici un seigneur et sa femme se rendant à l'église.

667. (270) **Plaque carrée,** de 16 sur 22 cent., en faïence à émail stannifère, de *Delft*, encadrée dans une bordure noire à guillochis de l'époque. La peinture, en camaïeu bleu, représente le portrait du célèbre peintre *Jan-Steen* (1622-1679), *peint par lui-même*, sur le cru, *pendant qu'il était* (vers 1649) *propriétaire d'une brasserie, à Delft.* L'artiste y paraît âgé de 24 à 30 ans, ce qui correspond à l'époque sus-mentionnée.

A longue chevelure, coiffé d'une toque et en costume de l'époque, il s'appuie sur le dossier d'une chaise, ou sur un châssis de tableau. D'un regard limpide, il paraît étudier un sujet. La tête de ce portrait est remarquable d'expression et date d'une époque antérieure de plusieurs années à celle où Jean Stene s'est aussi peint, et que Jan Gole a gravé à la fin du dix-septième siècle, gravure que possède le cabinet des estampes de la Bibliothèque impériale de Paris ; mais il lui ressemble sous tous les rapports, en tenant compte de la différence de l'âge.

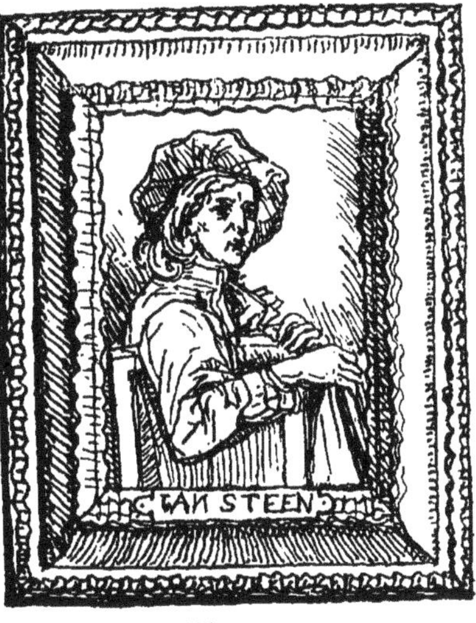

N° 667.

668. Plaque carrée, de 20 sur 25 cent., en faïence à émail stannifère, de *Delft*, encadrée dans une bordure noire à guillochis de l'époque.

C'est une peinture céramique polychrome attribuée à *Jan Steen* et représentant une rixe entre deux hommes du peuple que leurs femmes s'efforcent de séparer.

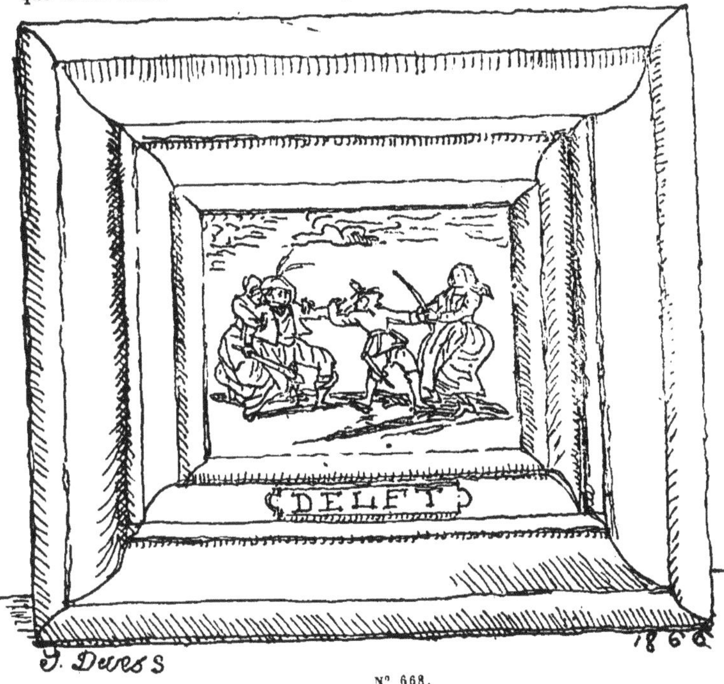

N° 668.

Quoique l'admirable expression des figures de ce petit chef-d'œuvre indique la main d'un véritable artiste, j'hésite dans l'attribution à cause du maniement du sabre et du bâton avec les *mains gauches*, ce qui me paraît plutôt indiquer *une copie*, d'après une gravure. Un peintre tel que Steen aurait-il copié?

Dans tous les cas, c'est une pièce remarquable et cuite au grand feu. Les couleurs, peintes sur le cru, sont : le bleu, le rouge, des jaunes, le vert et le violet (manganèse). Les figures, dessinées au trait rouge, et légèrement ombrées, les cheveux blonds, sont teints tout à fait nature; l'admirable arrangement des costumes et l'heureuse distribution des couleurs, placent cette céramique, provenant de la collection *Nadar*, parmi les plus belles productions conservées.

670. (270) **Plaque carrée,** de 22 sur 23 cent., en émail stannifère, de *Delft*. Le sujet, peint sur le cru en camaïeu bleu, est l'œuvre de *Willem van de Velde* (1633-1707). C'est une marine; on voit une frégate attaquer un port qui lui répond par des coups de canon. La mer est calme et couverte de petites embarcations. et un joli paysage accidenté se détache sur le fond. La touche du maître se reconnaît à première vue dans l'exécution des petites vagues qui paraissent friser dans un perpétuel mouvement la surface de l'eau, où se reflètent le vaisseau de guerre en raccourci et les embarcations. C'est une des plus belles créations de cet artiste si apprécié en Hollande et

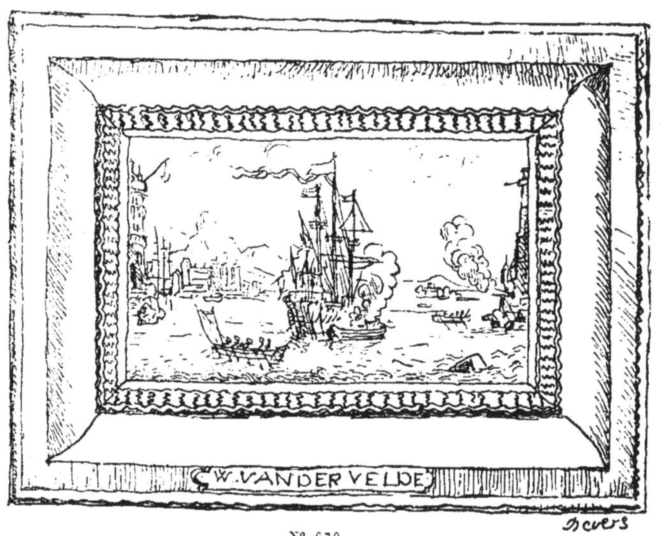

N° 670.

en Angleterre. Cette plaque est encadrée dans une bordure de l'époque à guillochis.

674. (271) **Plaque carrée,** de 21 sur 22 cent., en faïence à émail stannifère, de *Delft*, peinte sur le cru et probablement à deux feux, en polychrome, par le célèbre peintre *Jan van der Meer*, de Delft (1632-1696), et encadrée dans une bordure de l'époque. Le sujet, composé de six figures, représente un groupe de cinq hommes attablés devant une habitation hollandaise : trois jouent aux cartes, l'un fume et l'autre boit, pendant que l'hôte sort de la porte, une cruche de grès et un verre à la main.

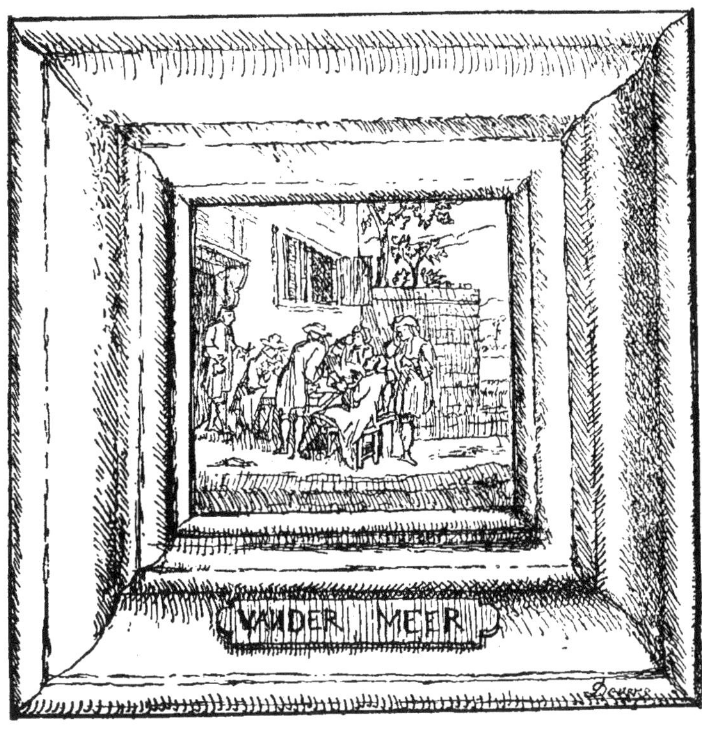

N° 674.

(Voir la description détaillée de cette précieuse faïence dans mon *Guide de l'Amateur de poteries*).

675. (271) **Plaque carrée,** *le pendant de la précédente, du même artiste,* et où le sujet représente trois joueurs de tric-trac, également attablés devant une habitation hollandaise; une servante leur apporte à boire et deux fumeurs se tiennent debout. (Voir, pour de plus amples détails, le *Guide*, etc.)

679. Plaque carrée, de 22 sur 23 cent., en faïence à émail stannifère, de *Delft*, encadrée dans une bordure noire à guillochis de l'époque. Le sujet, peint probablement à deux feux en polychrome, par *A. Verhaast*, peintre de vitraux et de verres, né à Gouda et mort en 1666, représente *la Fuite en Égypte.*

681. (274) **Plaque carrée,** de 28 sur 34 cent., en faïence à émail stannifère, de *Delft.* Le paysage, peint en camaïeu bleu sur le cru, est l'œuvre de *Jean Asselyn,* surnommé Krabbetje (petit crabe), à cause de la difformité de ses mains, né en 1610.

La perspective, si difficile à obtenir dans la peinture céramique, est admirablement réussie ainsi que le ciel. Un château fort s'élève sur un rocher à gauche, tandis que d'énormes arbres garnissent la droite de la composition qui est animée de figures. Cette belle plaque est encadrée dans une bordure à guillochis de l'époque.

683. (274). **Plaque carrée,** de 26 sur 33 cent. de grandeur, en faïence à émail stannifère de *Delft,* attribuée au peintre de la Plaque numéro 681; le sujet en camaïeu bleu, sur le cru, représente un paysage magnifique, mais un peu dans le genre académique. L'artiste a obtenu une perspective incroyable et inconnue dans la peinture céramique Cette belle œuvre, animée de figures, est encadrée dans une bordure à guillochis de l'époque.

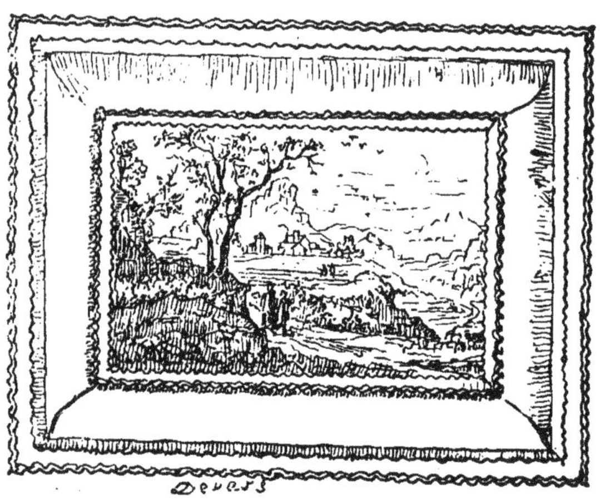

N° 683.

685. (274) **Plaque carrée,** de 23 sur 29 cent. de grandeur, en faïence à émail stannifère, de *Delft;* la peinture, en camaïeu bleu sur le cru, œuvre artistique semblable aux précédentes, représente encore un fort joli paysage animé d'une chasse au sanglier. Les animaux sont moins bien dessinés que les chasseurs et les arbres; mais on peut également l'attribuer à *Jan Asselyn.* Cette faïence est encore encadrée dans une bordure noire à guillochis de l'époque.

687. Assiette, de 26 cent. de diamètre, de l'année 1698, en faïence à émail stannifère de *Delft;* la forme toute plate et ses bords de 7 cent. de largeur indiqueraient plutôt la fabrication italienne. Le décor, en camaïeu bleu, représente les armoiries des *Burgersdyk,* famille originaire de Delft, qui habite actuellement Naaltwyk.

Une banderolle peinte sur le bord, également en bleu, au-dessous des armoiries, porte :

16. H. P. *B. D.* . 98

inscription qui est formée des initiales du prénom et de deux lettres du nom de famille.

Cette assiette est fort remarquable à cause de sa forme italienne que l'on ne rencontre presque jamais parmi les faïences hollandaises.

688. Assiette, de 26 cent. de diamètre, en faïence à émail stannifère de *Delft,* du dix-septième siècle. Le décor en camaïeu bleu, fort décoratif et très-détaillé en même temps, est composé d'ornements dans le genre hollandais. Deux anges à arabesques y accusent même l'influence de la renaissance du seizième siècle.

689. (71) **Violon de faïence,** de 23 sur 58 cent. de grandeur, en faïence à émail stannifère de *Delft.* Le décor, peint sur le cru en camaïeu bleu, d'une grande richesse, consiste dans une infinité d'ornements; on voit sur le dessus des personnages en costume de la fin du règne de Louis XIII, dont la mise est un curieux spécimen des modes hollandaises de l'époque. Trois personnages jouent de divers instruments à cordes : du violon, de la mandoline et de la basse; cinq autres dansent le menuet, et une dame se rafraîchit devant la table sur laquelle le crachoir n'est pas éloigné de la classique chaufferette. De l'autre côté, on voit planer quatre amours qui tiennent des branches. La manière des sujets rappelle celle des tableaux et des gravures de Gérard de Lairesse, né à Liége, en 1640, mort à Amsterdam, en 1711 (Voir le *Guide de l'amateur de poteries.*)

693. Assiette, de 25 cent. de diamètre, en faïence à émail stannifère de *Delft,* du dix-septième siècle. Le sujet, peint sur le cru en camaïeu bleu, représente un fort joli paysage, avec vue sur l'intérieur d'un village.

697. (275) **Plaque carrée,** de 32 sur 36 cent. de diamètre, en faïence à émail stannifère de *Delft,* peinte par *Antony ter Himpel* (1650), en camaïeu bleu sur le cru. Le sujet représente le terrible *Combat de Lekkerbeetje,* près Bois-le-Duc, entre Arabann et Bréauté et leurs vingt-trois cavaliers (Voir le *Guide.*)

Cette pièce, d'un grand intérêt archéologique et historique, est encadrée dans une bordure noire à guillochis, de l'époque.

699. Plaque carrée, de 30 sur 35 cent. de diamètre, en faïence à émail stannifère de *Delft,* peinte sur le cru en camaïeu bleu, par *Antony Ter Him-*

pel (1650). Le sujet représente la femme adultère; grande composition de nombreuses figures, encadrée dans une bordure noire à guillochis.

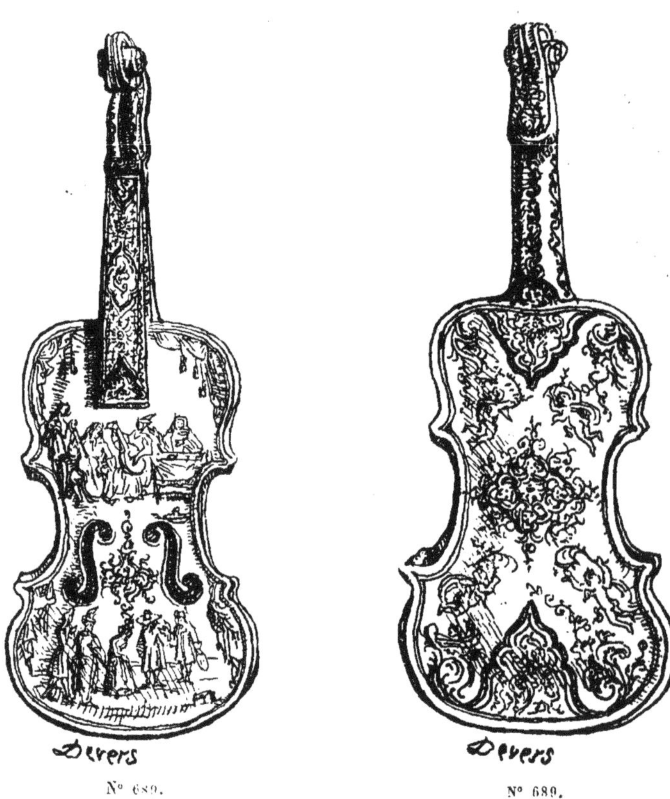

N° 689. N° 689.

702. Plaque octogone, de 36 sur 30 cent., en faïence à émail stannifère de *Delft*, du dix-septième siècle, décorée sur le cru en camaïeu bleu, du portrait d'une dame de l'époque. Bonne peinture encadrée.

704. Plaque ovale, de 16 sur 21 cent., en faïence à émail stannifère de *Delft*, du dix-septième siècle. Le sujet, peint sur le cru en camaïeu bleu, représente un charmant *Paysage de la Gueldre*, remarquable par sa belle perspective. Cette plaque est encadrée dans une bordure noire.

706. Plaque ovale, de 38 sur 42 cent. de grandeur, en faïence à émail stannifère de *Delft*, du dix-septième siècle, peinte sur le cru en camaïeu bleu. Le sujet, exécuté d'une manière large et rappelant les compositions de Rubens, représente le *Sacrifice d'Abraham*. Cette plaque est encadrée.

708. Plat rond, de 43 cent. de diamètre, en faïence à émail stannifère de *Delft*, du dix-septième siècle. Le décor, en camaïeu bleu, est peint sur le cru, dans un style qui rappelle les beaux produits de Rouen de la première époque.

710. Plat rond, de 40 cent. de diamètre, en faïence à émail stannifère de *Delft*, de la fin du seizième siècle, décoré d'ornements sur le cru, en camaïeu bleu, et au milieu, des armoiries des barons Van Zujlen, ancienne famille hollandaise qui existe encore à La Haye.

712. Garniture de trois potiches, de 20 et de 24 cent. de hauteur, en faïence à émail stannifère de *Delft*, du dix-septième siècle. Le décor polychrome consiste en ornements, style de la renaissance, entremêlés d'anges, de mascarons, etc., et de deux médaillons ou cartels sur chaque potiche, où l'on voit dans l'un trois et dans l'autre quatre personnages, en costume du commencement du règne de Louis XIV, assis devant une table, et se rafraîchissant. Le dessin de ces figures rappelle celui du violon.

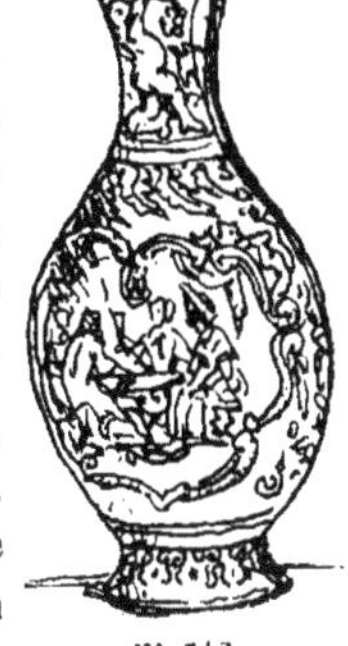

N° 712.

713. Console, de 34 cent. de hauteur, en faïence, à émail stannifère de *Delft*, du dix-septième siècle. Montée en bois de chêne sculpté, elle est couverte de bas-reliefs représentant des têtes et des pattes de lion brunes et des ornements bleus, le tout sur fond blanc et en style de l'époque de Louis XIV. Les deux extrémités sont émaillées en vert.

713 *bis*. Pendant du n° 713.

714. (281) **Plat rond,** de 33 cent., en faïence à émail stannifère de *Delft*. Le décor, exécuté sur le cru en camaïeu bleu, représente les quatre âges de la vie, figurés par quatre couples en costumes du dix-septième siècle, au-dessus desquels on lit :

Vryer en vryster (fiancé et fiancée). *Vader en moeder* (père et mère).
Grotevader en grotemoeder (grand-père et grand'-mère).
Overgrotevader en overgrotemoeder (aïeul et aïeule).

Ce curieux plat est signé et daté à l'envers :

Anno 1729, 16 *february*. *François Houwerda*.

Un pareil se trouvait dans la collection Mathieu Meusnier, à Paris.

716. (288) **Plaque carrée,** de 24 cent., en faïence à émail stannifère de *Delft*, décorée sur le cru en polychrome et au grand feu. Le sujet représente un coq, splendide peinture du plus célèbre coloriste sur faïence, *Piet Viscer, de Delft.* Pour le connaisseur et l'amateur de la véritable aïence, c'est une des plus remarquables pièces qui existent : elle est signée en bleu au grand feu,

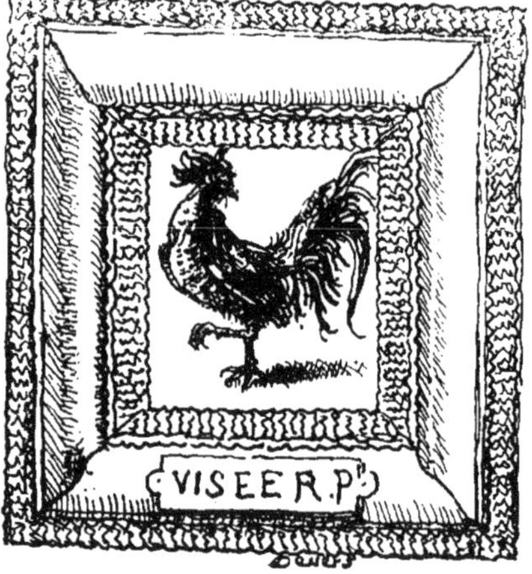

N° 716.

1769

P: Viser.

et encadrée dans une bordure noire, en bois de fer à guillochis, de l'époque.

718. Potiche, de 25 cent. de hauteur, en faïence à émail stannifère de *Delft*, du seizième siècle, décorée, sur le cru, d'ornements et de six grands personnages qui représentent des mandarins en bleu, vert, jaune et violet, dont les figures en teintes plates sont fort curieuses.

720. Potiche, de 25 cent. de hauteur, en faïence à émail stannifère de *Delft*, du dix-septième siècle, décorée en polychrome, où le rouge domine, de branchages, de perroquets et d'ornements finement exécutés.

722. Potiche, de 19 cent. de hauteur, en faïence à émail stannifère de *Delft*, du dix-septième siècle, décorée en polychrome, de fleurs et d'oiseaux, genre chinois, où les émaux sont empâtés.

724. Pied de brasero, de 20 centimètres de hauteur, en faïence à émail stannifère de *Delft*, du dix-septième siècle. Les ornements de feuillages en relief sont décorés en vert, jaune et rouge sur un fond blanc.

726. Assiette, de 26 cent. de diamètre, en faïence à émail stannifère de *Delft*, décorée sur le cru en camaïeu bleu; le sujet est tiré d'un vaudeville hollandais, de l'époque de l'agiotage de *Law*. Il y a trois personnages en scène, et on y lit l'inscription suivante :

Hier is myn kas daar Jint gy moy
Dt handel indt Quin-Quanpoy (sic).
1721.

728. Assiette, de 25 cent. 1/2 de hauteur, en faïence à émail stannifère de *Delft*, décorée sur le cru en camaïeu bleu, d'un bateau sous voiles, naviguant sur le Rhin; avec la devise :

Het welvaaren van het Rhyn schippers-Gild.
(Au succès de la corporation des bateliers du Rhin).

Le monogramme du potier se trouve à l'envers de l'assiette, c'est un

B

(probablement celui d'*Isaak Brauwer.*)

730. (286) **Assiette,** de 23 cent. de diamètre, en faïence à émail stannifère de *Delft,* décorée sur le cru en camaïeu bleu, d'une vue de la ville de Zaandam, avec l'inscription *West-Zaandam,* et marquée du monogramme de *Justus Brauwer* de 1764, *de la Hache* (Byl.)

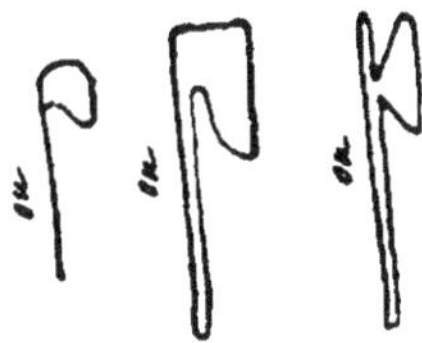

732. (286) **Assiette,** de 22 cent. de diamètre, en faïence à émail stannifère de *Delft,* décorée sur le cru en camaïeu bleu. Elle est couverte d'une infinité de petits ornements, et porte le monogramme de *Justus Brauwer,* de 1764, *la Hache* (Byl).

734. Plaque carrée, de 14 sur 18 cent., en faïence à émail stannifère de *Delft,* du dix-septième siècle, décorée sur le cru en camaïeu bleu, d'une vue de village hollandais, traversé par un canal et animé de figures. Cette plaque, qui est signée :

G. V. M.

est encadrée dans une bordure noire à guillochis.

L'artiste qui a signé de ces initiales m'est inconnu.

738. Mascaron, de 9 cent. 1/2, en faïence à émail stannifère de *Delft,* du dix-septième siècle, décoré sur le cru en camaïeu bleu.

Il représente une tête grotesque.

740. Plat rond, de 36 cent. de diamètre, en faïence à émail stannifère de *Delft,* du dix-septième siècle, orné d'une peinture riche, connue sous le nom de cachemire, et exécutée sur le cru et au grand feu. Les ornements imitent les dessins de châles. Belle pièce, d'un effet fort décoratif.

742. Plat rond, de 35 cent. de diamètre, en faïence à émail stannifère de *Delft,* du dix-septième siècle. Décor riche sur l'émail cru, ornements sur les bords, et au milieu une corbeille de fleurs polychromes.

744. (286) **Assiette,** de 25 cent. de diamètre, en faïence à émail stannifère de *Delft,* décor camaïeu bleu sur le cru, représentant un intérieur hollandais. On voit deux femmes et deux hommes à table, un troisième se chauffe devant la grande cheminée, garnie de vaisselle. On lit *February*, ce qui indique que le sujet doit être une allégorie de ce mois.

Cette assiette est marquée du monogramme de *Justus Brauwer* de 1764, la *Hache* (By.)

(Même monogramme que le n° 730).

746. Tasse, en faïence à émail stannifère de *Delft*, du dix-septième siècle, et décorée sur le cru en camaïeu bleu. Elle est marquée :

A. R.

réunis en monogramme.

748. Tasse, en faïence à émail stannifère de *Delft*, du dix-septième siècle, décorée sur le cru en camaïeu bleu.

750. Tasse avec sa soucoupe, en faïence à émail stannifère de *Delft*, du dix-septième siècle. Ce précieux spécimen est plissé comme un cuir bouilli; le fond *noir brunâtre* est décoré en polychrome dans le genre chinois, avec des dragons, à émail empâté ou en relief (Pareille pièce dans la collection de M. Paul Dalloz.)

751. Tasse, id., pendant du n° 750.

754. Figurine de 13 sur 19 cent. de grandeur, en faïence à émail stannifère de *Delft*, et à décor en camaïeu bleu et jaune du dix-septième siècle. C'est un cavalier en costume de l'époque et dont l'ensemble rappelle ceux des tableaux d'Antoine François *Vandermeulen*. On voit sous le pied le monogramme que voici :

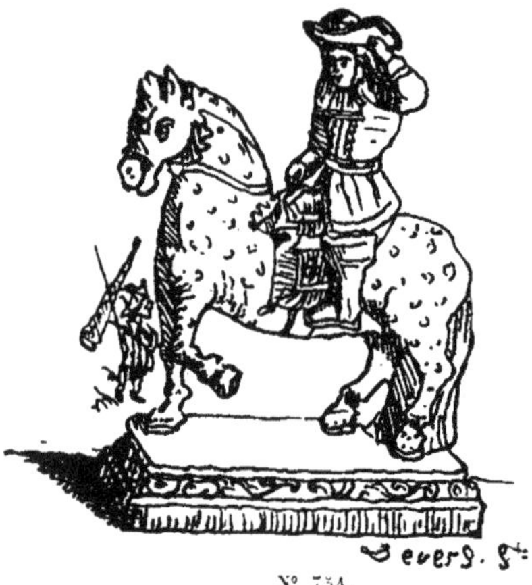

N° 754.

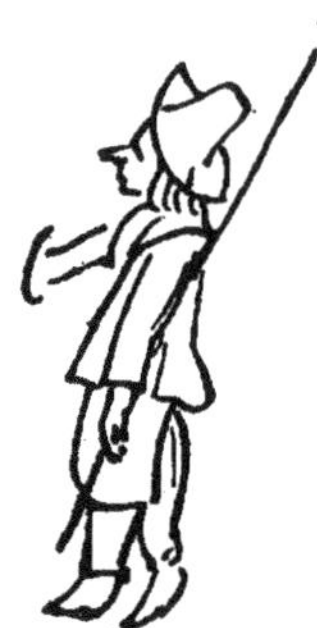

760. Plaque octogone, de 26 cent. en faïence à émail stannifère de *Delft*, du commencement du dix-huitième siècle. La bordure, richement rocaillée en relief, encadre un sujet à décor polychrome qui représente une marchande de poisson.

761. Plaque, id., pendant du 760, d° *Pêcheur*.

764. Statuette, de 20 cent. de hauteur en faïence à émail stannifère de *Delft*, représentant *Psyché*, décorée en polychrome.

765. Statuette, pendant du 764 : l'*Amour*.

768. Perroquet, de 25 cent. de grandeur, en faïence à émail stannifère de *Delft*, du dix-septième siècle, décoré en polychrome ; il est juché sur un cerceau suspendu à une chaîne.

770. Potiche, de 19 cent. de hauteur, en faïence blanche à émail stannifère de *Delft*, ornée de rocailles en relief dorées et collées à froid.

772. Garniture de deux potiches à couvercle, de 25 cent. de hauteur, en faïence à émail stannifère de *Delft*, du dix-septième siècle, décorées à fond bleu et ornées de fleurs jaunes et rouges.

776. Plaque, de 35 cent., en faïence à émail stannifère de *Delft*, du dix-huitième siècle, avec encadrement rocaille en relief et décoré en jaune, rouge, vert, bleu et manganèse. Le sujet, peint en camaïeu bleu, représente un paysage d'après Berghem, *passage d'une rivière à gué;* on voit un *paysan monté sur un bœuf* et une *paysanne*.

778. Plaque festonnée, de 37 cent. de grandeur, en faïence à émail stannifère de *Delft*, du dix-septième siècle. Le décor polychrome des bords en relief consiste en ornements rouges sur un fond bleu rechampi, et le sujet dans une *chinoiserie avec personnages et oiseaux*.

Les couleurs sont magnifiques et au grand feu.

780. Plaque ovale festonnée, de 33 sur 37 cent. de grandeur, en faïence à émail stannifère de *Delft*, du dix-septième siècle. Le décor riche est en polychrome, et consiste dans une corbeille de fleurs, très-décorative.

782. Plat rond, de 30 cent. de diamètre, en faïence à émail stannifère de *Delft*, du dix-septième siècle. Décor d'ornementation en polychrome d'un fort bon goût. Au milieu, un paysage-marine, peint en camaïeu bleu.

784. Plaque ovale festonnée, de 37 sur 43 cent. de grandeur, en faïence à émail stannifère de *Delft*, du dix-septième siècle. Le décor chinois, d'une richesse et d'un fini inouïs, montre, au milieu, un sujet mandarin, encadré de beaux ornements, style renaissance d'une exécution patiente et pleine d'effet. Les bords saillants sont également recouverts d'un riche décor. Le tout, peint en polychrome, où dominent le jaune, le bleu au grand feu, le vert et le rouge, forme un morceau hors ligne, dont le croquis ci-joint, fort peu réussi, ne peut donner qu'une idée incomplète.

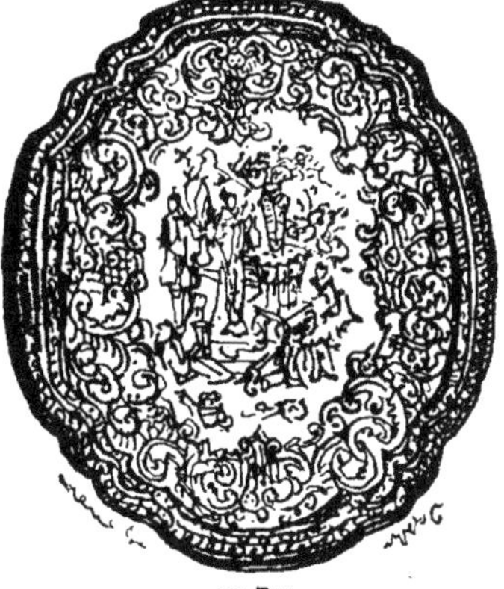

N° 784

786. **Assiette**, de 23 cent. de diamètre, en faïence à émail stannifère de *Delft*, du dix-septième siècle, décorée richement en polychrome.

788. **Assiette**, de 26 cent. de diamètre, en faïence à émail stannifère de *Delft*, du dix-septième siècle, décorée richement en polychrome.

789. **Assiette**, id., pendant du nº 788.

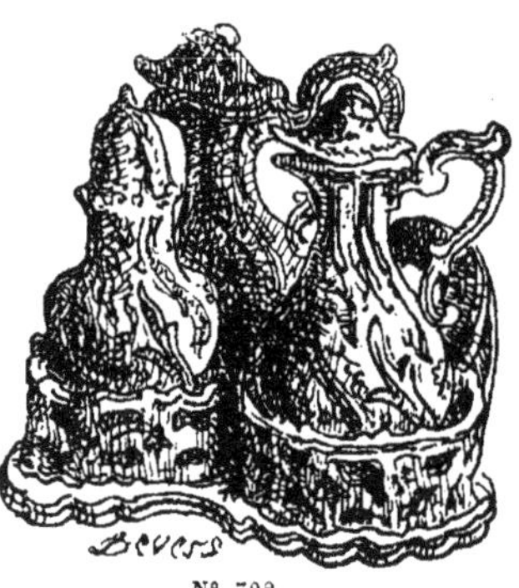

Nº 792.

792. (286) **Bout de table**, composé de quatre pièces, en faïence à émail stannifère de *Delft*, de *Hugo Brauwer* (1764) dont il porte le monogramme :

HB

C'est une charmante faïence de style rocaille, decorée richement en camaïeu bleu.

FAIENCES DE DELFT AU PETIT FEU

La plupart du dix-septième siècle, à dorures, et connues sous la dénomination de bijouterie céramique hollandaise.

794. (274) **Plat à barbe**, de 27 1/2 cent. de diamètre, en faïence à émail stannifère, de *Delft*, de la fin du dix-septième siècle. Festonné tout autour et d'un émail suave, il est décoré en or, rouge, vert, jaune, lilas et noir ; au milieu, on voit une corbeille de fleurs et, sur les bords, quatre médaillons ornés de bustes, et quatre autres ornés de fleurs et d'oiseaux. Tout le reste est couvert d'ornements délicieux et d'un grand fini. Ce plat est marqué du monogramme suivant :

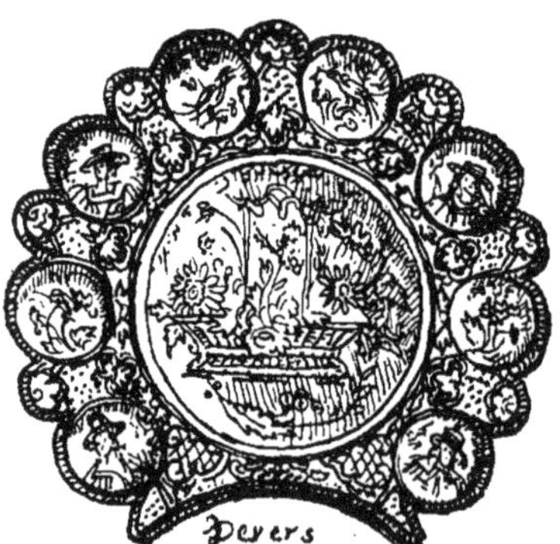

Nº 794.

APK

795. **Plat à barbe**, pendant du précédent, et dont le décor consiste en chinoiseries aussi bien peintes que les ornements du nº 794.

798. Plaque carrée, de 14 sur 18 cent. de grandeur, en faïence à émail stannifère de *Delft*, du dix-septième siècle, décorée au petit feu en vert, rouge, jaune, noir et violet, encadrée dans une bordure en bois, ornée de cuivres repoussés, style Louis XIII. Le sujet, charmante composition de treize figures, représente la *Mise au tombeau du Christ.*

800. Plat rond, de 38 cent. de diamètre, en faïence à émail stannifère, de *Delft,* du dix-septième siècle, marqué :

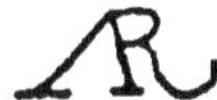

Le décor vieux-japon, en bleu au grand feu, en rouge, jaune, vert et or au petit feu, est riche et brillant.

801. Plat rond, de 34 cent. de diamètre, en faïence à émail stannifère, même genre et même monogramme que le n° 800.

804. Assiette, de 22 cent. de diamètre, en faïence à émail stannifère de *Delft;* le décor en bleu au grand feu, rouge et or au petit feu, consiste en ornements très-décoratifs et d'une potiche de fleurs au milieu.

806. Assiette, à six pans et dentelée, de 18 cent. de grandeur, en faïence à émail stannifère de *Delft*, du dix-septième siècle. Le décor, consistant en fleurs, est rouge, vert, jaune, brun, etc., et rehaussé d'or.

808. Brosse à huit pans et bombée, de 14 cent. de longueur, en faïence à émail stannifère de *Delft*, du dix-septième siècle. Décorée, dans les couleurs précédentes, d'ornements à fleurs et d'un paysage animé de canards, d'hommes, et d'un courant d'eau. Cette peinture céramique est d'une si grande finesse, qu'elle ressemble à la peinture d'émail en miniature sur cuivre.

810. Boîte à thé ronde, de 11 cent. 1/2 de hauteur, en faïence à émail stannifère de *Delft*, décorée en polychrome et à dorures, d'un sujet champêtre : jardin, style Louis XIV, animé de personnages en costumes de l'époque.

812. Boîte à beurre, avec son couvercle, de 11 cent. de diamètre, en faïence à émail stannifère de *Delft,* du dix-septième sièle ; le décor, d'une fine exécution, est dans le genre des pièces précédentes. Cette boîte est marquée :

M. P.

814. Boîte à thé carrée, à angles arrondis et à couvercle, de 11 cent. de hauteur, en faïence à émail stannifère de *Delft*, du dix-huitième siècle. D'un côté, le décor, composé dans les couleurs des pièces précédentes, représente la famille du stadhouder, avec l'inscription : *Pe Anna Carol. A. C. B. W. ch. E.*; de l'autre côté, des fruits surmontés d'une couronne en or. Le couvercle est entièrement orné de fleurs. L'ensemble du décor imite la plus belle miniature en émail sur cuivre.

816. Moutardier en grès, de *Delft*, charmant bijou céramique émaillé d'étain, en émaux empâtés, genre chinois ; le fond bleu de Perse est décoré de vert, brun, jaune, etc.

818. Boîte à thé carrée, à col à vis, de 11 cent. de hauteur, en faïence à émail stannifère de *Delft*, du dix-septième siècle. Le beau décor vieux-japon, en bleu au grand feu, rouge, vert et violet, est très-fin et très-décoratif.

820. Boîte à thé, à pans coupés, de 15 cent. de hauteur, en faïence à émail stannifère de *Delft*, du dix-septième siècle, décorée en chinois mandarin, fort riche ; cette belle faïence se distingue par le vif éclat de ses couleurs rouge, vert, violet, jaune, bleu et or. La partie supérieure est couverte d'ornements entièrement rechampis en rouge. Cette boîte est marquée d'un monogramme qui forme *deux grecques*.

822. Boîte à tabac, ronde, de 15 cent. de hauteur et de 10 cent. de diamètre, également en faïence à émail stannifère de *Delft*. Le décor imite le vieux japon et lui est supérieur. Les couleurs sont le bleu au grand feu, le rouge, le vert, le jaune, le chamois et l'or. Cette pièce remarquable porte le monogramme de *Samuel Piet Roerder* (1650) :

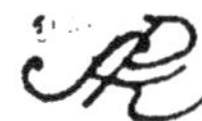

824. Soulier à haut talon, de 14 cent. de longeur, en faïence à émail stannifère de *Delft*, du dix-septième siècle; il est décoré avec une grande finesse d'une infinité de petits dessins et de fleurs, en rouge, jaune et bleu, sur fond noir, rechampi de pointillés.

826. Poivrier, forme poire, couvercle à pas de vis, de 16 cent. de hauteur, en faïence à émail stannifère de *Delft*, du dix-septième siècle. Ce charmant bijou céramique est décoré en polychrome de deux cartouches ou cartels à sujets de marine, où les navires ont arboré le pavillon hollandais. Tout le reste est couvert de feuilles, de branchages et de fleurs en bleu, jaune, violet, vert, etc., rechampi de noir.

829. Assiette de 20 cent. de diamètre, en faïence à émail stannifère de *Delft*, du dix-septième siècle. Le décor consiste en ornements qui courent autour du bord et dans un bouquet d'œillets, de fleurs des champs jaunes et de *ne m'oubliez pas*, liés par une faveur rouge qui orne le milieu de l'assiette; le tout rehaussé d'or.

830. Assiette. Pendant du n° 829.

831. Six grands panneaux qui décoraient jadis les murs d'une maison à *Delft*, et qui sont une œuvre unique, dont l'équivalent n'existe *nulle part*.

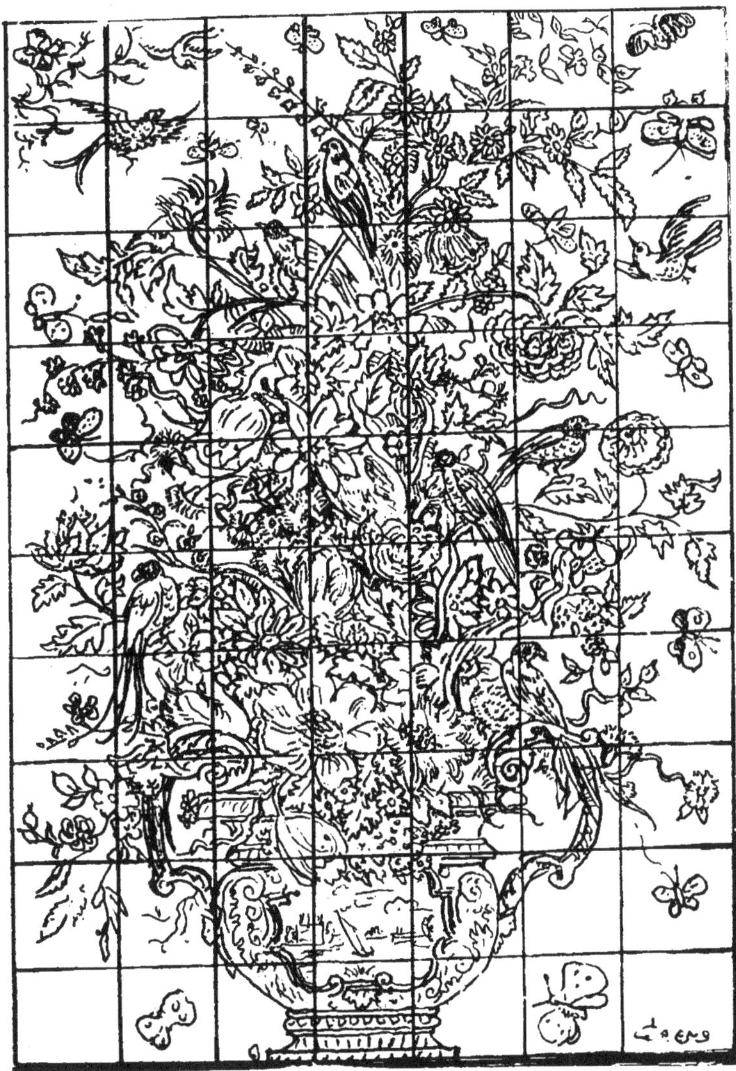

N° 835.

Ces 367 carreaux avaient été fabriqués et peints par un céramiste durant toute sa vie, pour orner sa propre maison (231, Wyk 5, Raam). Le nom de l'artiste de la fin du dix-septième siècle est resté inconnu. Mais beaucoup de personnes à Delft attribuent l'œuvre à *Maria van Leeuwenhœk*, fille du naturaliste et physicien Leeuwenhœk, célèbre par ses recherches sur le sang humain, et qui est enterré dans la nouvelle église de Sainte-Ursule, à Delft, où on lui a érigé un monument. On connaît des assiettes en faïence, sur lesquelles cette Maria Leeuwenhœk a peint les armes de son père.

Les carreaux de chaque tableau ont été fixés sur des fonds de panneaux et entourés de fortes baguettes, le tout en chêne, ce qui rend les tableaux mobiles et transportables. En voici la description :

835. (298) **Grand tableau**, de 98 sur 140 cent., encadré dans une bordure de bois de chêne, composé de 70 carreaux en faïence à émail stannifère de *Delft*, du dix-septième siècle. Il représente un vase chinois à anses, richement décoré d'ornements et d'un sujet : paysage marine avec bateaux à voiles.

De belles fleurs de toutes sortes et de grandeur naturelle s'élèvent en profusion, des oiseaux merveilleux et des papillons couvrent les branches et remplissent l'air. Le tout peint sur polychrome, d'après nature, est d'une richesse, d'un effet décoratif indescriptibles et ressemble à la peinture d'émail en miniature sur cuivre.

836. (298) **Grand tableau**, de 115 sur 126 cent., composé de 72 carreaux, et décoré également en polychrome d'un sujet qui représente le *Bon Samaritain*. C'est une conception large, où le paysage se signale par ses belles couleurs et sa manière décorative. Les personnages et l'âne sont de grande proportion, et la bordure rocaillée, vert, jaune et rouge, est également fort belle de tons. On lit au-dessous : *Lukas* 10. *vers* 30 *tot* 36.

837. (298) **Grand tableau**, de 74 sur 112 cent., composé de 40 carreaux. Le décor polychrome représente un paysage marine avec de nombreux vaisseaux et bateaux. La bordure est formée de fleurs, sorte de grands dalhias chinois, entrelacées sur un fond rechampi de rouge.

838. (298) **Grand tableau**, de 100 sur 125 cent., composé de 63 carreaux. Le décor polychrome représente une ville fortifiée au milieu de la mer qui est couverte de vaisseaux sous voiles. La bordure est la même que celle du n° 837.

839. (298) **Grand tableau**, de 100 sur 115 cent., composé de 56 carreaux. Le sujet peint en polychrome et rehaussé d'or, représente des jardins chinois pleins de fleurs, d'oiseaux, etc.

De grandes figures de Chinois et de Chinoises animent ce tableau, dont la bordure rocaillée en vert, jaune et rouge, est la même que celle du n° 836.

840. (298) **Grand tableau**, de 96 sur 112 cent., composé de 56 carreaux dont le sujet, même genre que le n° 839, est encadré comme le n° 837.

842. Chat à la souris, de 44 cent. de hauteur, c'est-à-dire de grandeur naturelle, en terre cuite à émail stannifère de *Delft*. Il est décoré en brun, vert, jaune et blanc.

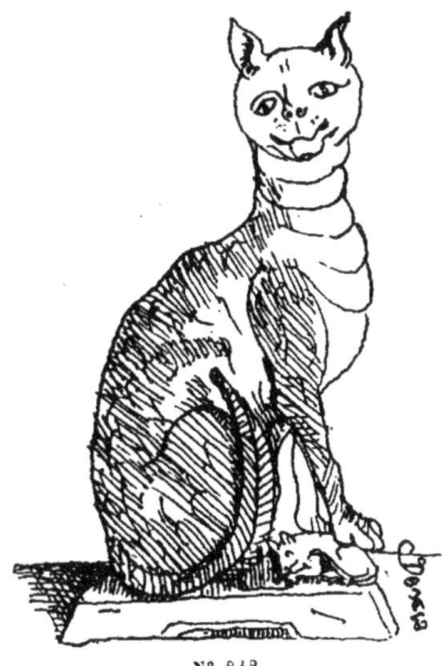
N° 842.

844. Chat sauvage couché, de 42 cent. de largeur, en terre cuite de *Delft*. Cette belle imitation, où l'artiste a pris la nature sur le fait, est d'une telle vérité qu'elle fait peur.

865. Masque, en terre cuite sans couverte, moulé sur le visage de *Guillaume-le-Taciturne.*

871. Plaque carrée, de 13 sur 17 cent. de grandeur, en faïence à émail stannifère de *Haarlem*. Le sujet, peint sur le cru en camaïeu bleu, représente une marine; c'est l'œuvre de *Hendrik Vroom* (1566-1640), célèbre peintre qui a aussi visité l'Italie et l'Espagne, et qui peut être regardé comme le créateur de la peinture de marine. Cette plaque est encadrée dans une bordure noire à guillochis, de l'époque.

872. Plaque carrée, *idem*, pendant du n° 871.

875. Plaque carrée, de 36 sur 44 cent. de grandeur, en faïence à émail stannifère de *Haarlem*. Le sujet, peint sur le cru en camaïeu bleu, par *David Vinckenboons*, peintre à l'huile, sur vitraux, sur faïence et graveur, né à Mechelen (Malines) en 1578, mort à Amsterdam en 1629, représente une kermesse, composition curieuse d'un millier de figures qui lui a aussi servi pour un tableau à l'huile qui a été gravé par Bolsverd et publié par Vischer en 1634 [1]. Cette plaque est encadrée dans une large et précieuse bordure de l'époque, couverte de moulures et de guillochis.

[1] Vinckenboons, que M. Waagen préfère appeler Vinckenbooms, est particulièrement connu par des tableaux qui se trouvent aux musées de La Haye, de Berlin, de Dresden et de München. Vinckenboons s'était déjà signalé, en 1603, par une pièce capitale, d'une hauteur de 8 pieds et d'une largeur de 14, représentant un *Tirage de loterie pendant la nuit*, exécutée pour le Oude-Mannenhuis, à Amsterdam. On voyait dans ce tableau une grande cohue qui portait des flambeaux et des torches. C'est à partir du commencement du dix-septième siècle que Vinckenboons a souvent peint sur des plaques de faïence pour les potiers de Haarlem. Comme il s'était déjà exercé dans la peinture des vitraux, ce que Immerzell même mentionne, l'emploi des couleurs minérales et des fondants lui était familier, et il peignait comme A. Verhaast de Gouda, tantôt sur vitraux, tantôt sur faïences. Le peintre, en utilisant pour cette composition céramique le sujet

880. (306) **Pot à bière**, en terra sigillata, de 12 cent. de hauteur; localité de la fabrication inconnue. Ce pot, dont le couvercle est en étain, provient de la collection du Dr Brugemans, de Leyden (n° 18 du Catalogue). Il porte sur sa panse, imprimée en relief dans la pâte et au milieu d'un médaillon, au-dessous de plusieurs emblèmes qui forment sans doute la marque de la fabrique, l'inscription suivante :

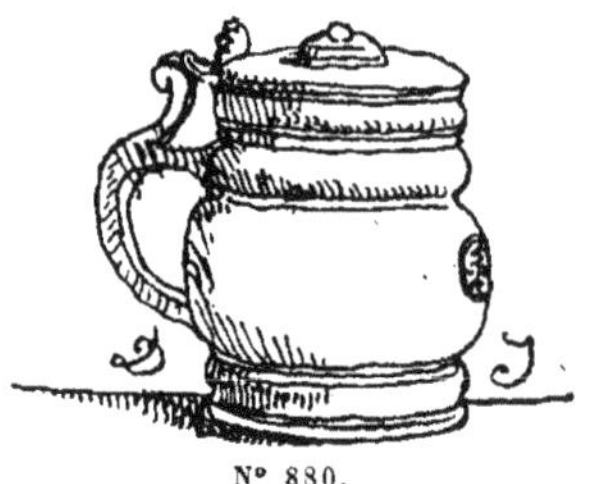
N° 880.

TERRA SIGILLATA.

1535 (1635 ?)

On peut prendre le second chiffre pour un 5 ou pour un 6.

Sur le fond du pot :

A. Kuyk, 1663.

gravé au diamant sans doute par le propriétaire.

Plusieurs exemplaires semblables se trouvent au Musée de Berlin.

POTERIE SUISSE

890. **Fragment de carreau de poële**, en terre cuite, au vernis plombifère de *Zurich*, du onzième ou du douzième siècle. Le sujet du bas-relief représente un homme à cheval. Ce carreau provient d'un poële, dont plusieurs autres carreaux sont conservés dans le cabinet des antiquités de la Bibliothèque de Zurich, et qui a été trouvé dans les fouilles opérées dans les caves d'une maison qui fait face à la Bibliothèque.

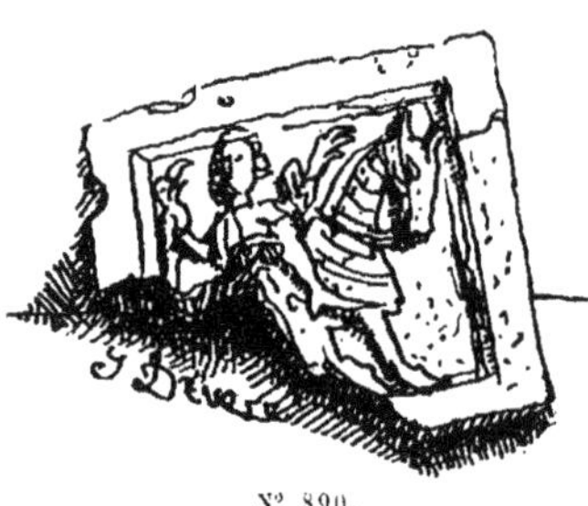
N° 890.

896. Coupe à pied, de 22 cent. de diamètre, sur faïence à émail stannifère, peinte par *Gaspar Meyer*, né à Zurich en 1522, mort en 1593, père du

du tableau à l'huile, l'a cependant assez fortement modifié. On n'y voit pas l'hôtel de ville au milieu du second plan ; l'auberge, sur la droite du premier plan, a été raccourcie. La gravure susmentionnée ne se trouve pas au Cabinet impérial des estampes, à Paris ; mais elle a été vendue, accompagnant le tableau original, à l'Hôtel des Commissaires-Priseurs, à Paris, le 30 janvier 1866.

peintre-graveur Dietrich Meyer, et qui fit partie du grand conseil de la ville. Ce céramiste, qui est aussi connu par quelques vitraux, a peint cette coupe un an avant sa mort. Le décor polychrome représente *Joseph vendu par ses frères*. Selon l'habitude de l'époque, où tous les artistes étaient coutumiers de pareils anachronismes, les neuf personnages de la composition sont tous vêtus des costumes suisses du temps, et les deux principales figures qui concluent le marché, ont la barbe, l'escarcelle et les petits chapeaux suisses. On y aperçoit aussi les hallebardes garnies de leurs franges, et la forme des chaussures indique bien la fin du seizième siècle. Le paysage esquissé au fond est peint en bleu, et les deux chameaux en manganèse. Les autres

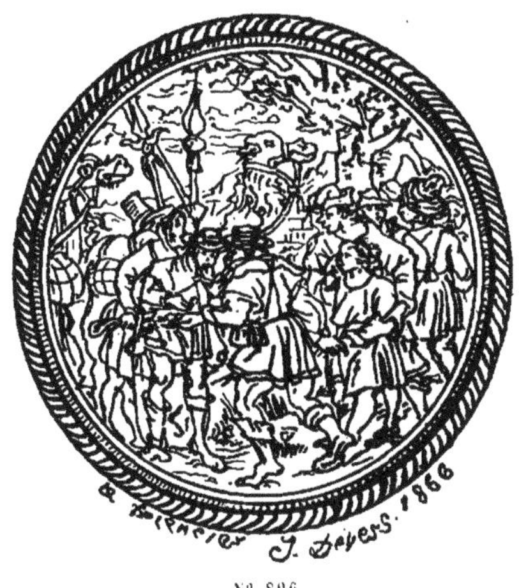

N° 896.

couleurs sont le jaune, le vert et le noir; les chairs sont également teintées par le manganèse. Le dessin est rude, mais la composition pleine de vérité est très-mouvementée; les figures ont un caractère archéologique fort remarquable. Tout y indique l'influence des peintres-graveurs allemands du seizième siècle. Cette intéressante pièce, provenant de la collection Nadar, à Paris, est ornée au revers de fioritures, d'ornements bleus et marquée du monogramme de l'artiste :

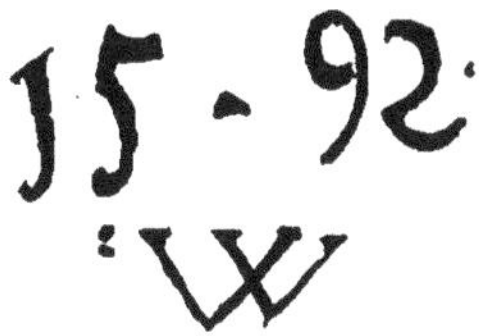

Elle est encadrée dans une bordure noire.

900. (394) **Fontaine**, dont le corps a 30 sur 41 cent. et la cuvette 35 cent., en faïence à émail stannifère de *Zurich.* Elle est décorée au petit feu de réverbère dans les couleurs de la faïence alsacienne et lorraine, et modelée en beau style rocaille; un gros mascaron forme le robinet. Le corps de la fontaine est marqué :

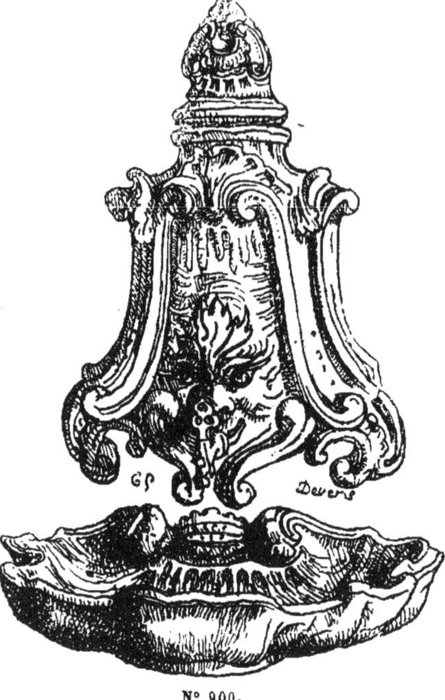

N° 900.

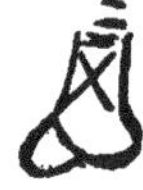

et la cuvette :

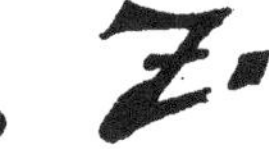

C'est un spécimen fort précieux pour l'histoire céramique.

905. Poêle complet, de plusieurs mètres de hauteur, en faïence à émail stannifère de *Winterthur,* œuvre du potier *Hans Heinrich Pfau, mort en* 1688, de l'école allemande souabe de Hans Kraut.

La corniche qui court tout autour, et dont on trouvera ci-joint le croquis, est parsemée de bas-reliefs décorés en polychrome dans les couleurs ordinaires des faïences italiennes, et elle porte l'inscription « *Potestas, Nobilitas, Liberalitas.* » L'écusson du milieu est orné de quatre armoiries souscrites du millésime de 1647, et des initiales des quatre familles : HS, AZ, AM, IS. Les carreaux à fond blanc de la partie supérieure de ce beau poêle sont couverts de peintures polychromes qui représentent les âges de la vie à la mort, à partir de l'enfant jusqu'au squelette; chaque sujet est surmonté de sentences bibliques en langue allemande, ou plutôt en patois allemand suisse. Le piédestal est formé de bas-reliefs vert monochrome, d'une exécution fort artistique, et qui rappelle les œuvres des potiers des écoles allemandes : franconienne et souabe.

909. (393) **Écusson,** de 24 sur 35 cent. de grandeur, en faïence à émail stannifère, de *Winterthur,* œuvre du céramiste *David Pfau,* élu membre du Grand Conseil en 1700, mort en 1702. La bordure est composée d'un bas-relief de fruits, de mascarons, d'ornements, d'anges, etc., entremêlés;

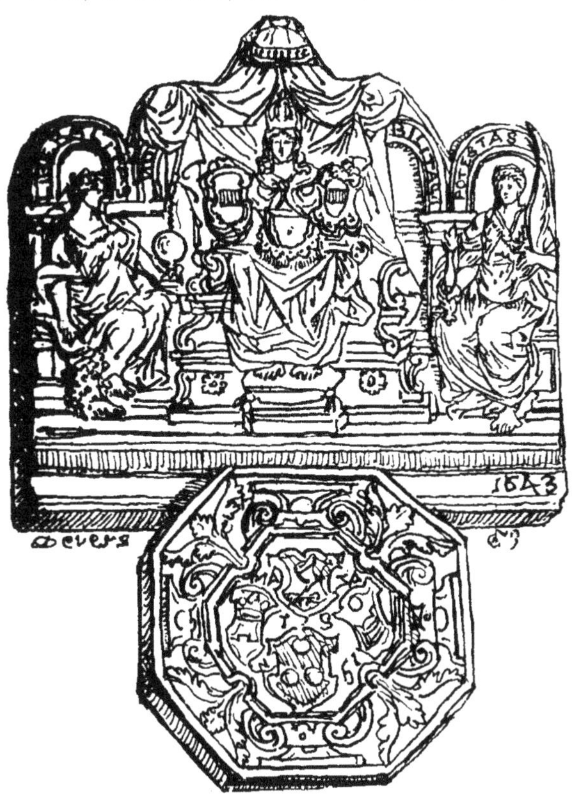

N° 906.

et le décor polychrome représente les armoiries d'alliance des familles patriciennes suisses, Werdmüller et Schneeberger, au millésime de 1667.

911. Plaque carrée, de 12 sur 23 cent. de grandeur, en faïence à émail stannifère de *Neufchâtel*, œuvre du potier-poêlier *Simon Jean Renaud*. Le décor, en camaïeu bleu, représente une sorte d'obélisque dans un paysage, avec un soldat à cheval à côté; l'inscription suivante se lit sur la face du monument :

Simon Jean Renaud fecit 1767.

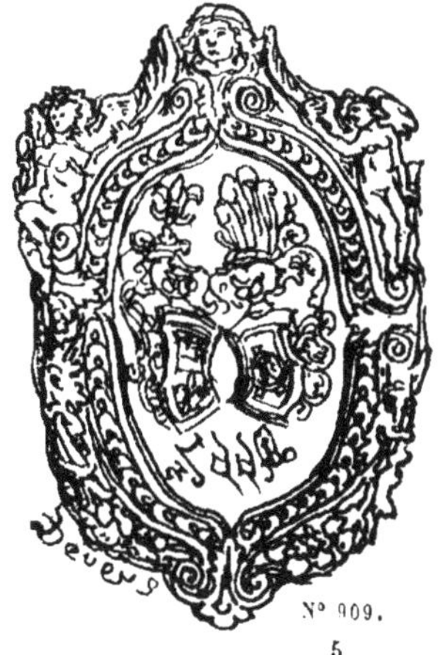

N° 909.

POTERIE ANGLAISE

931. Compotier ovale festonné et à anses, de 19 sur 22 cent. de grandeur, en terre cuite, espèce de grès, de *Burslem* et *Stoke-upon-Trent,* œuvre des frères *Elers* (vers 1690). Cette poterie, de forme artistique, est entièrement couverte d'ornements en relief, et a été obtenue par des moules en cuivre.

932. Compotier rond festonné, dont les bords sont percés à jour, de 23 cent. de diamètre, en terre cuite, espèce de grès de *Burslem* et *Stoke-upon-Trent,* œuvre des frères *Elers* (vers 1690), même genre que le nº 931.

937. Assiette, de 25 cent. de diamètre, en terre de pipe de *Lane-End,* œuvre des potiers *Turner* (1762-1786). Le décor polychrome de cette poterie, fabriquée pour la Hollande, représente le *Départ de l'enfant prodigue.* Les personnages portent le costume de la fin du dix-huitième siècle. On y lit l'inscription hollandaise :

Zyne uittogt (son départ).

939. Assiette, même genre et même provenance que la précédente. Le sujet représente une célébration de mariage et l'inscription :

De trouw (le mariage).

A l'envers on voit la signature du potier *Turner,* estampillée en toutes lettres et en creux dans la pâte.

941. Assiette, mêmes genre et provenance que la précédente. Le sujet représente *le jeune prince d'Orange à cheval.* Le dessin, d'une naïveté incroyable, est une espèce de charge involontaire.

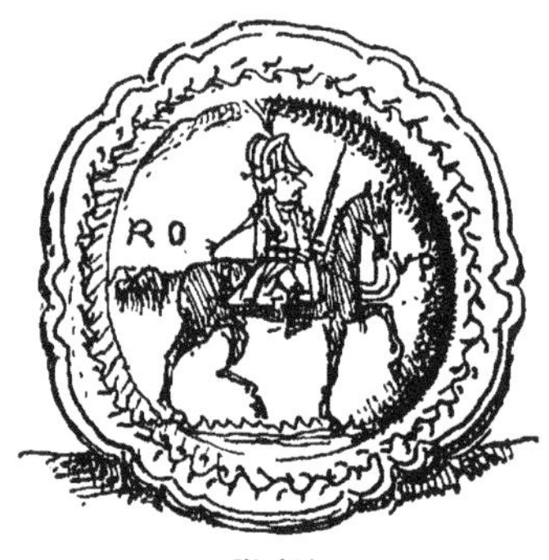

Nº 941.

943. Assiette, mêmes genre et provenance que les précédentes. On y voit le *buste du prince d'Orange, Willem V, stathouder* en 1766, âgé de 18 ans, à côté du *buste de Sophie Wilhelmine, princesse de Prusse,* que le prince épousa en 1767. Les deux bustes, qui se regardent, sont séparés par un oranger et entourés de rimes en langue hollandaise, dont voici le dernier couplet :

Zo lang als zon en maan zal staan,
Zal nooit de oranje kleur vergaan.

C'est-à-dire : *aussi longtemps qu'existeront le soleil et la lune, la couleur d'orange existera!*

945. Assiette, même genre et même provenance que les précédentes. même sujet que le n° 943. La devise est différente :

UE. Zwaard zy als van Gideon,
UE. Wysheid als van Salomon. P. W. D. V.

en français :

Que votre épée soit celle de Gédéon.
Que votre sagesse soit celle de Salomon.

Les P. W. D. V., que l'on voit sur toutes ces assiettes, sont l'abréviation de PRINS WILLEM DE V. (Prince Guillaume le V.)

POTERIE SUÉDOISE

954. (413) **Garniture de deux potiches**, de 22 cent. de hauteur, en faïence à émail stannifère, de *Marieberg*, près Stockolm. Le décor, en camaïeu noir, des paysages fort artistement peints, ressemble à un dessin à la mine de plomb. Ces pièces rares sont marquées :

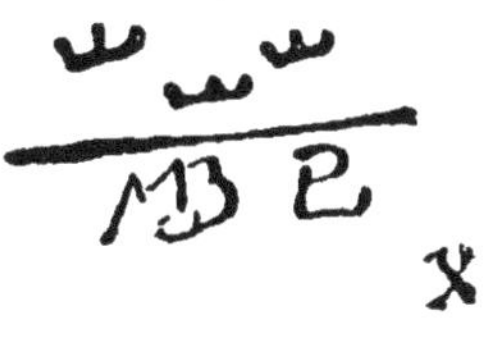

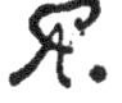

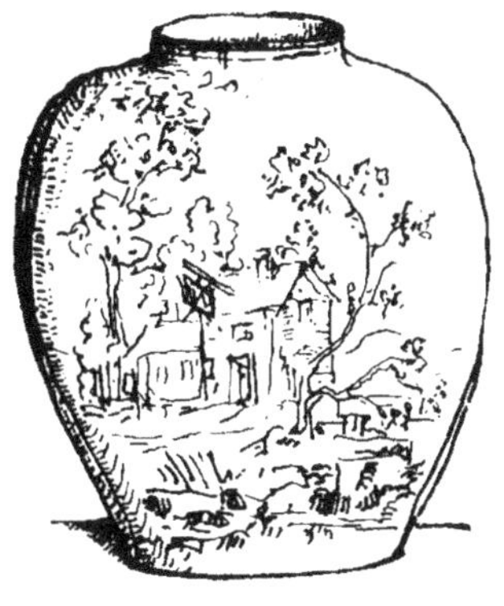

N° 954.

et aussi

II

POTERIES KAOLINIQUES ET TRANSLUCIDES

Ou véritables Porcelaines à pâte dure
et Poterie translucide sans kaolin, ou Faïence translucide, appelée
Porcelaine à pâte tendre.

---

970. **Soucoupe**, de 11 cent. de diamètre, en ancienne porcelaine de Chine, peinte en polychrome. Pâte et décor très-fins.

971. **Soucoupe**, de 12 cent. de diamètre, en ancienne porcelaine de Chine, sujet genre mandarin à figures, peint en polychrome.

972. **Soucoupe**, de 10 cent. fond or, cartel à figure.

973. *Idem*, de 10 cent. 1/2, deux reliefs bleu et or.

974. *Idem*, de 12 cent., décor, fleurs et oiseaux polychromes, le bord à l'envers nankin; elle est marquée d'une fleur en bleu.

975. **Soucoupe**, de 10 cent. 1/2, décor fleurs, rose et vert.

976. *Idem*, de 13 cent. 1/2, à bords festonnés, décor ornement polychrome et or, et marqué d'un monogramme.

977. **Soucoupe**, de 13 cent., bords godronnés et de couleur nankin à l'envers; elle est décorée en polychrome et marquée d'un monogramme.

980. **Soucoupe**, de 12 cent., porcelaine de Chine dite *de commande*, c'est-à-dire décorée d'un sujet à personnages, copié d'après un dessin européen de Boucher.

981. **Soucoupe**, de 11 cent. 1/2, décorée en noir et or.

982. **Grosse potiche**, de 27 cent. de hauteur, en ancienne porcelaine de Chine, décorée de branchages et feuillages verts et bleus et de pavanes rouges. Pièce rare et fort ancienne.

990. **Magot assis**, de 15 cent. de hauteur, en très-ancienne porcelaine de Chine. La tête de ce rieur est fort belle et expressive.

992. Grotesque, figurine de 14 cent. de hauteur, en très-ancienne porcelaine de Chine.

999. Cafetière, de 16 centimètres de hauteur, en ancienne porcelaine du Japon, richement décorée en bleu, rouge et or.

1007. Plateau octogone, de 18 cent. de diamètre, en ancienne porcelaine du Japon, finement décoré d'ornements et fleurs en camaïeu bleu.

1019. Fragment d'une théière, en porcelaine dure opaque brune de *Bottger* (*Meissen*), à ornements en relief et taillée à la meule. C'est un spécimen de la première porcelaine obtenue par ce célèbre inventeur et qui provient du musée japonais de Dresden (1707).

1020. Petit cheval, bridé et sellé, de 9 sur 10 cent., ancienne porcelaine dure de Saxe, décorée en polychrome. C'est une véritable perle.

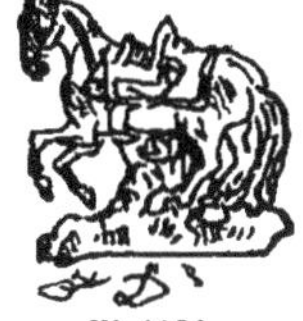

N° 1020.

1030. (438) **Groupe**, de 21 sur 22 cent. de grandeur, en porcelaine dure de *Frankenthal*, et qui porte au-dessous du piédestal la marque du *Palatin Charles Théodore* (1751) :

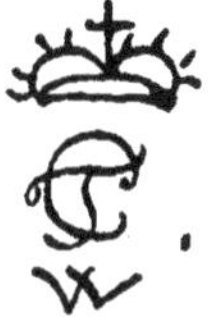

Ce groupe est l'œuvre du célèbre modeleur-sculpteur *Melchior* de *Hœchst*,

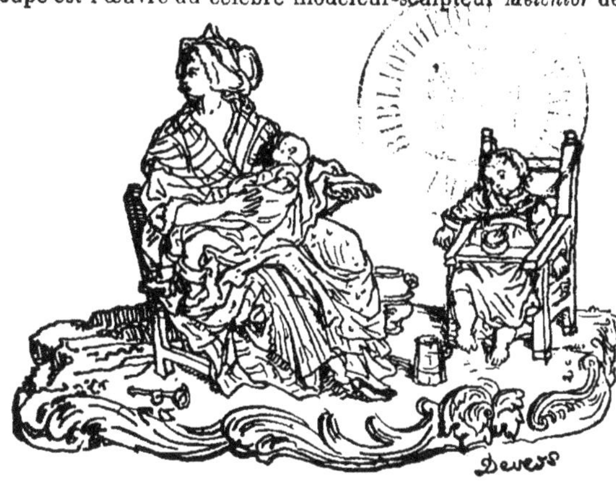

N° 1030.

né en 1741, et représente la bonne mère, d'après le tableau de Greuse ; il est parfaitement décoré et les expressions des têtes des enfants sont remarquables.

1032. (439) **Tasse forme boule**, avec sa soucoupe en porcelaine à pâte dure de *Ludwigsburg* en Wurtemberg. Cette tasse, d'une grande finesse de pâte et qui est décorée de fleurs naturelles, porte le monogramme adopté par la manufacture en 1758 :

1033. (441) **Tasse forme boule**, avec sa soucoupe, en porcelaine à pâte dure de *Nimphenburg*, en Bavière. Décorée de fleurs naturelles, elle porte le monogramme du *Pentalphe* (Salus Pythagoræ), figure maçonnique avec laquelle la manufacture royale bavaroise a marqué pendant quelque temps, je pense vers 1770.

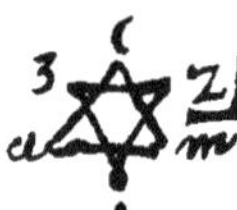

1036. Tasse forme carrée, avec sa soucoupe, en porcelaine à pâte tendre de *Naples*. Le décor polychrome, au pointillé, représente des figures copiées d'après un sujet de Pompéï. Cette tasse porte le monogramme :

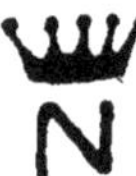

1040. (475) **Tasse forme boule**, avec sa soucoupe, en porcelaine dure de *Weesp*, en Hollande, la première qui y a été fabriquée. Décorée de fleurs naturelles largement peintes, elle porte la marque de la fabrique :

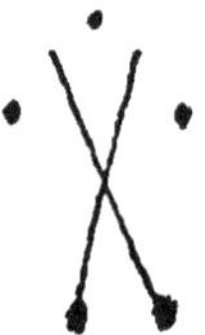

1042. Tasse forme boule, en porcelaine à pâte dure de *Ouder Amstel* (vieil Amsterdam 1782), fabriquée sous la direction de Daeuber, et décorée d'un charmant paysage hollandais animé de figures. Cette tasse est marquée :

Amstel

1046. Tasse et soucoupe, forme œuf, godronnées, en porcelaine à pâte tendre (faïence translucide), de la fabrique de *Saint-Cloud*, de l'époque des frères Trou (1722), et marquées de leur monogramme :

S^t. C
T

Cette porcelaine est décorée en bleu, sur le biscuit et sous la couverte, de charmants ornements bleus.

1048. (464) **Fragments d'assiette et de carreaux de pavage**, en faïence translucide, dite porcelaine à pâte tendre, de *Chantilly* (1735). Ces échantillons proviennent de fouilles faites sur le terrain de l'ancienne fabrique; ils sont en biscuit et décorés de fleurs, d'armoiries à fleurs de lis et du monogramme.

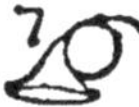

Le tout décoré en bleu et inachevé, d'une première cuisson et non encore recouvert de vernis. Ce sont des pièces très-propres à l'étude de la fabrication de cette poterie.

1049. Cornet, de 11 cent. de hauteur, en porcelaine anglaise de *Bow-Chelsea*, en Angleterre. Il est à côtes, sans décor, et orné à l'entour d'une guirlande de vigne en haut relief et ronde-bosse, d'une exécution fort artistique. On voit sous le pied la marque *C. B.* estampillée en creux. Pièce et marque rares.

1055. Médaillon ovale, de 7 sur 8 cent., en ancienne porcelaine, biscuit noir de *Wedgwood d'Asbourg*, en Angleterre. Le bas-relief représente le *buste de l'impératrice de Russie, Catherine II* ; il est signé à l'envers, du nom *Wedgwood*, estampillé en creux dans la pâte.

1060. Vase ovoïde, de 16 cent. de hauteur, en porcelaine, espèce de pâte tendre de *Worcester*, en Angleterre, du dix-huitième siècle, de la fabrique de *Chamberlain*. Il est décoré en polychrome, de plumes d'oiseaux d'une finesse d'exécution extraordinaire. On lit sous le pied :

Chamberlains, Worcester manufacturers to their
Royal Hignesses, the Prince of Wales and Duke of Cumberland.

1065. Assiette, en porcelaine à pâte tendre de *Doornick* (Tournai), en Belgique, décorée en bleu de roi, dorée et marquée à l'envers :

Cette porcelaine provient des pièces rares qui furent fabriquées à Tournai pour le duc d'Orléans (Philippe-Égalité), à la suite d'un pari entre lui et le roi Louis XVI, qui n'avait pas voulu croire que la fabrique du Hainaut pouvait lutter avec la manufacture royale de Sèvres pour ce bleu, et qui perdit son pari.

FIN.

DU MÊME AUTEUR

EN VENTE

Guide de l'Amateur de faïences et porcelaines, poteries, terres cuites, peintures sur lave et émaux. 2e édition, revue, corrigée, considérablement augmentée et ornée de 850 figures, marques et monogrammes. 1 fort vol. in-18 jésus de 580 pages. 10 fr.

Recherches sur la priorité de la Renaissance de l'art allemand. Faïences du XIIIe siècle, terres cuites du Ve siècle, avec figures dans le texte. 1 vol. in-12. 3 fr.

Le peintre de marine réaliste Albertus Van Beest. Notice historique. Brochure in-8°. 1 fr. 50

Les pseudo-critiques de la Gazette des beaux-arts, etc. Brochure in-8°. 1 fr.

Une vengeance par le mariage. Roman philosophique dédié aux honnêtes gens. 1 fort vol. in-18. 3 fr.

Souvenirs de voyage et Causeries d'un Collectionneur, ou Guide artistique pour l'Allemagne. 1 fort vol. in-8° de 516 pages, avec figures dans le texte. 7 fr. 50

SOUS PRESSE

Encyclopédie des sciences, lettres et arts, et revue panoptique des Pays-Bas.

EN PRÉPARATION

Encyclopédie des sciences, lettres et arts, et revue panoptique de la Suisse.

Paris. — Typ. de P.-A. BOURDIER et Cie, rue des Poitevins, 6

DU MÊME AUTEUR

EN VENTE

Guide de l'Amateur de faïences et porcelaines, poteries, terres cuites, peintures sur lave et émaux. 2e édition, revue, corrigée, considérablement augmentée et ornée de 850 figures, marques et monogrammes. 1 fort vol. in-18 jésus de 580 pages. 10 fr.

Recherches sur la priorité de la Renaissance de l'art allemand. Faïences du XIIIe siècle, terres cuites du Ve siècle, avec figures dans le texte. 1 vol. in-12. 3 fr.

Le peintre de marine réaliste Albertus Van Beest. Notice historique. Brochure in-8°. 1 fr. 50

Les pseudo-critiques de la Gazette des beaux-arts, etc. Brochure in-8°. 1 fr.

Une vengeance par le mariage. Roman philosophique dédié aux honnêtes gens. 1 fort vol. in-18. 3 fr.

Souvenirs de voyage et Causeries d'un Collectionneur, ou Guide artistique pour l'Allemagne. 1 fort vol. in-8° de 516 pages, avec figures dans le texte. 7 fr. 50

SOUS PRESSE

Encyclopédie des sciences, lettres et arts, et revue panoptique des Pays-Bas.

EN PRÉPARATION

Encyclopédie des sciences, lettres et arts, et revue panoptique de la Suisse.

Paris. — Typ. de P.-A. BOURDIER et Cie, rue des Poitevins, 6

www.ingramcontent.com/pod-product-compliance
Ingram Content Group UK Ltd.
Pitfield, Milton Keynes, MK11 3LW, UK
UKHW021126260726
13994UKWH00002B/999

9 782329 458793